JN101860

読みなおす日本史

後醍醐天皇と建武政権

伊藤喜良

吉川弘文館

はじめに

後醍醐天皇は日本の歴史上において、もっともよく知られた天皇の一人である。討幕のために陰謀を繰り返し、兵を挙げて捕らわれ、隠岐《おき》に流罪になっても、強い意志をもって鎌倉幕府を滅ぼし、建武政権を樹立させたのがこの天皇である。

しかし、建武政権は三年弱しか存続できなかった。足利尊氏・直義等の軍勢に京都を占拠され、足利幕府が成立した直後に吉野に逃れた後醍醐は、そこで再起をはかろうとするがならず、失意の中で死去した。以後南北朝動乱と呼ばれる戦乱が長期間にわたって続くのである。

後醍醐天皇と建武政権ほど近代歴史学、近代の学校教育、思想等に与えた影響力の大きな人物や政権はない。建武政権を樹立した後醍醐天皇について、その評価も近代と現代では大きく分れているのも、歴史上他に例をみない。また、前近代と近代における彼の評価もこれまた大きく異なっている。

後醍醐天皇について、明治初期までの一般的評価は「徳を欠く」評判のよくない天皇であった。だが、それ以後、後醍醐天皇の討幕という行為について、明治維新の「王政復古」を重ね合わせ、天皇の絶対化のために政治的なイデオロギー操作がおこなわれる。皇統において、南朝が「正統化」されるだけでなく、「不徳の天皇」後醍醐は、もっとも「徳のある」天皇、「聖帝」となり、建武政権は「王政復古」をなさしめた歴史上もっとも価値ある政権に位置づけられるのである。皇国史観という特異な「歴史観」により、後醍醐天皇と建武政権は近代天皇制国家の国民支配、東アジア諸国への侵略の道具とされてしまうのである。

戦後にいたると、評価は大きく変化した。南北朝動乱時代を革命的な時代とみなし、皇国史観に決別して、社会構成のあり方と人民の役割を重視する論文等が発表され、建武政権は復古反動政権と位置づけられたのである。その後、研究はすすみ、建武政権を君主独裁政権をめざした政権、封建王政を志向した政権、異形《いぎょう》の王権であった等、さまざまな見解が提起されてきている。

後醍醐天皇や建武政権について、評価が両極端にゆれ動いてきたので、現在でも、国民の中では評価が異なっている点がみられる。後醍醐天皇にたいして、戦前的な「聖帝」意識を持っている人も存在すれば、まったく復古反動の権化のごとくみなしている人も多く存在している。

さて、本書は建武政権の成立過程から、その政策の特徴、権力機構のあり方、公家・武家による人的構成、当時の評判・批判、建武政権の解体過程等の諸側面について、現在まで明らかになっていることを分かりやすく叙述することを目的としたものである。このような検討を通して後醍醐天皇の意図したものは何であったのかを見ていくものとする。そして、彼のおこなった政治の歴史的意義や評価等も試みてみたいと思う。評価の基準としたのは、鎌倉時代から、明治維新まで、武人による「武家政治」が続く中で、例外的に「文治政治」を試みたことをどのようにみたらいいかという点に視点を当ててみたいと考えている。

後醍醐天皇の登場と建武政権の成立は、一三〜四世紀の東アジア世界の変動の「申し子」であった。また中国の宋・元王朝と深いかかわりを持つ政権で、日本の政治動向も東アジア世界の動きと同一歩調をとっていたといえよう。そのため、もう一つの視角として、東アジア、ことに中国のこのころの経済・政治等の動向と比較したり、関連づけながら建武政権をみていくことにしよう。東アジア世界の動向と建武政権の成立、南北朝動乱のかかわりは切っても切れない関係にあるといえる。

戦後の一定期間、鎌倉幕府や武士層の評価について、彼らを古代の奴隷制の上にのった貴族政権を打ち倒し、封建制を推しすすめた進歩的な勢力とみなす見解が支配的であり、武士勢力を美化しかねないような研究状況にあった。しかし現在では研究状況はかなり変化してきている。研究が進むにつれて、武人政権への批判も強くみられるようになってきている。中世の武人政権は日本軍国主義の源流であるとの見解も、提起されるようになってきている。だが、天皇制支配への批判は戦後一貫しているのであり、そのことは変化していない。

現在の研究の多くは、天皇制、武人政権の両者ともに批判的にみていくという立場をとるが、ことに武士のもつ暴力的な「負の側面」について、注目すべき研究が次々に発表されてきている。武士なるものは、決して歴史を推しすすめる進歩的な勢力ではなかったことが明らかになっている。ただ注意しなければならないことは、「自由主義史観」を標榜する一部の人々を中心に、天皇制の美化論、侵略正当論が一部にみられることである。武人政権（武士政権）を批判するからといって、中世天皇制を美化する立場に立つものではないことはいうまでもないことである。

ただ、日本の中世においても、武力・暴力を尊び、武力を持ったもののみが権力を掌握することができるという武人政権コースと異なる政権、武人政権のみでなく、アジアの他の諸国と同様に、文官等による権力の樹立を模索する動きがあったことに注目しないわけにはいかない。後醍醐や建武政権の成立が東アジア世界の政治・経済等と密接な関係を持ち、東アジア世界の、この時代の「申し子」であったことに注意してもしすぎることはないであろう。

以上のような問題意識を持って本書では、なぜ建武政権というような権力が成立し、なぜ短期間でその政権が解体していったかを主として考えてみたい。

目　次

第一章　建武政権成立の歴史的前提

海の中の日本

東アジア経済圏の発展

後醍醐天皇が登場したことや、建武政権が成立したのは、東アジア世界の政治の転換や経済の発展、新しい文化や思想の出現等と密接にかかわっていた。日本は東アジア世界の中の東端に位置し、四方を海に囲まれていたとはいえ、古代以来大陸との関係はきわめて深いものがあり、日本の歴史の推移は大陸文化と切り離せないものがあった。強力な武力を支えにしていた鎌倉幕府が滅亡していったのも、その根本的な要因を東アジア世界の政治や経済の動きの中に見出すことができる。鎌倉時代末期に、後醍醐は東アジア世界の動向をみすえながら、強固な目的意識を持って歴史の舞台に登場してきたのである。

日本では鎌倉時代である一三世紀のアジアは、政治、経済、文化等、どのような分野を取りあげても大きく転換する激動の時代であった。政治の世界の動きについては、元の勃興や蒙古襲来（モンゴル戦争）で一般によく知られているが、経済や交易・商業等の発展も目を見張るものがあった。

中国において唐末・五代時代以後、南部の江南地方の生産力の発展により、商業・交易が活発化していった。一〇世紀ころより、南中国の海岸地域には経済・商業の発展にもとづき、揚州や杭州等の多くの商業都市が次々と生まれはじめていた。これらの都市から東南アジア・南海方面に、琉球を経て日本等におびただしい物資が輸出されていった。このような状況をみて、五代十国の分裂を統一した宋は、南海交易等で莫大な利益をあげ、隆盛をみせはじめた広州・明州等の海岸地域に市舶司《しはくし》を置いて、海上交通と交易による利益にたいして租税を課して、国家財政の財源にしようとした。国家が交易にかかわるようになったことにより、さらに海上交易、商業都市は発展していった。交易が活発になれば、それにともない造船技術等も進歩して巨大な船も造られるようになり、ますます大量の物資の運搬が可能になったとされている。

南宋と日本

金に圧迫されて中国南部に逃れた南宋は、このような江南地域を根拠地にし、国力の増強を海洋交易に頼り、強力な海軍力を持つ国家となった。南宋時代には江南地方の諸都市はますます発展して、中国だけでなく、アジアの各地から来訪した商人によって港湾都市の中で、活発な取引が展開されていた。陶磁器を例にとってみても、その輸出先は日本・朝鮮・蝦夷《えぞ》地ばかりでなく、東南アジア、インド洋沿岸の各地に及んでおり、その活況を呈した状況が知られるのである。

宋・南宋の出現は日本に大きな影響を与えた。近年の発掘調査の結果、膨大な大陸伝来の品々が日本各地から出土し、東シナ海・日本海を流通の仲立ちとして中国、朝鮮、日本の深い経済関係が明らかになってきている。ことに銅銭が大量に日本にもたらされたことにより、日本国内の経済・流通を刺激して、所領支配の転換をもたらしていった。このような動きが鎌倉幕府の滅亡に結びついていくのである。

南宋時代になると、日本と中国の経済関係はますます深まっていったのであるが、それだけでなく文化、思想、宗教等を含めて多くの分野で緊密な関係を持つようになっていった。日本から膨大な留学僧等が南宋の地を踏み、新しい思想や宗教を学んで帰り、新知識や技術が続々と入ってきた。たとえば宋学といわれる新しい儒教や、鎌倉新仏教といわれる仏教となっていく禅宗の宗派が入ってきて、人々の心をとらえていくのである。ただ政治的関係は深まらず、「国交」は断絶したままであった。しかし建武政権の成立、その制度は、後に述べるが、この南宋の政治制度や文化・思想等と切っても切れない関係にあった。

元との関係

中央アジアの草原から起こってきた蒙古は、遠くヨーロッパの一部までも領土にし、モンゴル世界帝国を樹立した。本拠地である中国には元王朝が出現して、南宋を滅ぼして中国を統一したことはよく知られている。日本では元について、二度にわたる北九州への元軍の侵攻（モンゴル戦争）を元《げん》

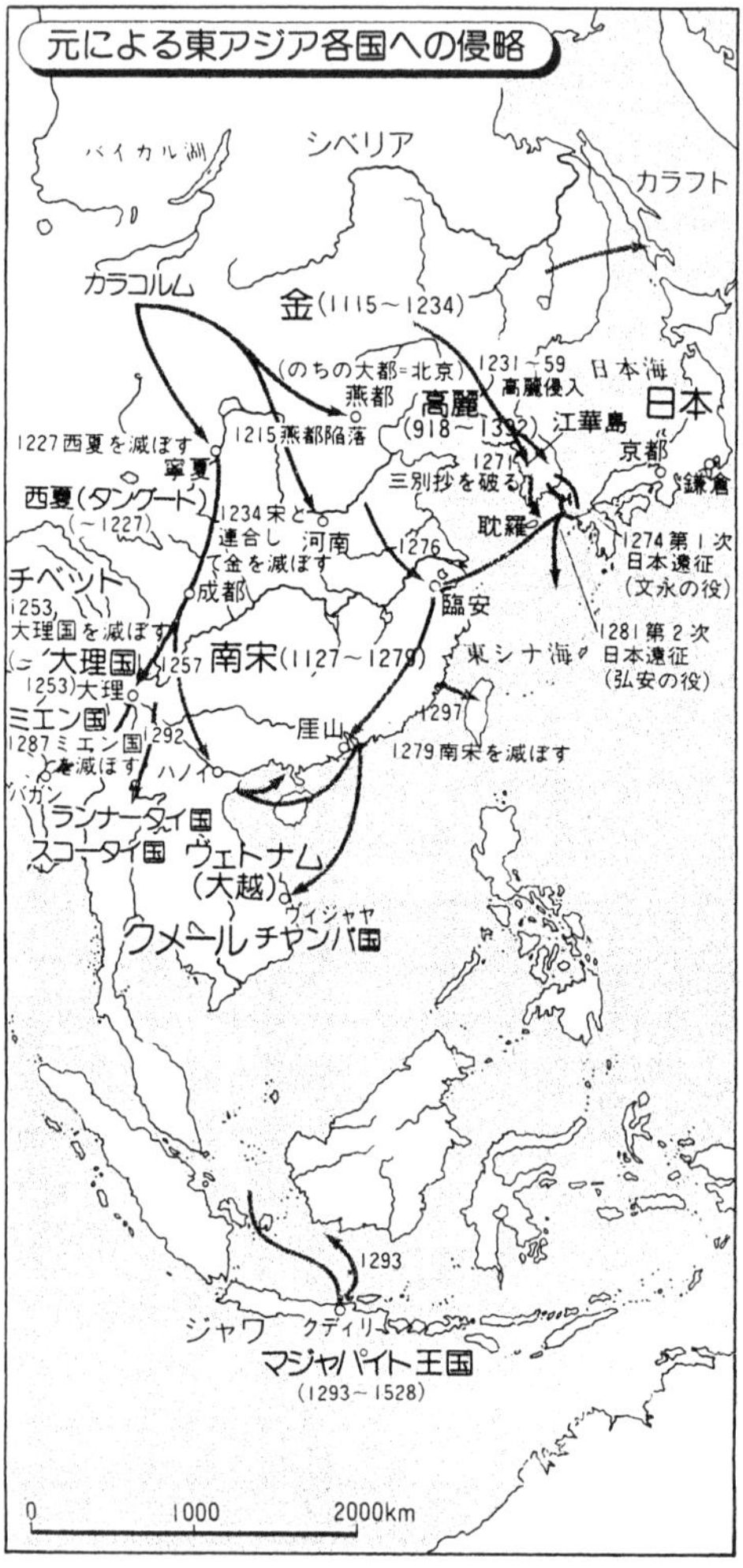

元による東アジア各国への侵略
(『詳解日本史』三省堂より)

寇《こう》・蒙古襲来・「文永・弘安の役」と呼び、日本を侵略しようとした「野蛮な国」とのイメージが強い。この戦いの中で「神風」が吹いたというイデオロギー操作がなされたことにより、この戦争が、日本は「神国」であるとする意識を高揚させる梃子《てこ》になった。このため元はますます「残酷・殺戮《さつりく》国」との意識が日本人に植えつけられた王朝である。

事実はこのようなイメージと多少異なっている。確かに侵略もしたが、交易にも活発に関与した。モンゴルは東西にわたるユーラシア大陸を股にかけた大帝国であったので、モンゴルがユーラシアを支配した時代は東西交易がきわめて活発化した。この時代は地中海、ペルシャ湾から東アジアにかけての世界商業圏が確立したといわれており、モンゴル帝国は大海上帝国であったともいわれている。

モンゴルの中心となった元も積極的に海上に進出して、海軍を増強し、海の道を整備して海上交易を掌握し、東アジア世界の経済の中心となっていった。日本と元との関係は、モンゴル戦争により、政治的にはきわめて緊張していたが、商船による交流は大規模であり、人や物の往来の活発さは想像を絶するものがあった。

都市の発達

南シナ海、東シナ海、日本海、オホーツク海等は海上の道として、交易のための太い動脈となり、東西南北に大量の物資が運ばれ活発な交易がなされた。このため中国だけでなく、朝鮮、日本等の沿岸にも商業都市が続々と生まれてきた。

中国南部では寧波《ニンポー》（慶元）、台州、温州、泉州、福州、広州等が活況を呈し、朝鮮では富山浦《ふざんほ》、塩浦、乃而浦《ないじほ》の三浦、琉球では那覇、日本では日本海沿岸部に筑前の博多、越前の三国、能登の輪島、越中の岩瀬、越後の今市（直江津）、出羽の秋田、陸奥の十三湊《とさみなと》、さらに伊勢の安濃津、和泉の堺等の都市が発達した。当時の日本のこれらの港湾都市は三津七湊《さんしんしちそう》と呼ばれていた。その他にも平戸や兵庫、尾道等の多くの都市が出現していた。

中国や朝鮮への日本の窓口となっていたのは古代以来博多であった。中国から日本に向かう商船は朝鮮沿岸を経て、博多をめざすのが常であった。そしてそこから日本の各地に物資が送られた。日本海沿岸の前記したような都市に寄港しながら北上して蝦夷地やサハリンまで行く商船もあった。そのような商船の寄港地として最北の良港である十三湊があった。その地は現在の青森県の十三湖のほとりに存在していた。

また瀬戸内海に入り、鎌倉まで唐物《からもの》を運んでいく船もあった。さらに陸奥・蝦夷まで太平洋岸を北上する船舶も存在していた。一方、博多から琉球に南下していく船もあり、このような商船はさらにフィリッピン方面に向かったと考えられている。大陸と日本が強く結びつき、それにともない陶磁器や銅銭等の物資の流入により、日本各地からおびただしい銅銭や中国産の陶磁器が出土している。たとえば銅銭についてみてみると、山口市大内で六一万枚、函館市志海苔《しのり》で四〇万枚、新潟県湯沢町石白で二七万枚、長野県中野市田麦で一五万枚、宝塚市堂坂で一〇万枚等の出土銭が知られており、日

三津七湊等の中世の港

本全国の多くの中世遺跡から銅銭が出土している。

海中からも沈没した元代の貿易船が発見されて、その規模の大きさと、豪華さに世界は驚かされた。その沈船は韓国の新安郡沖で発見されたものであり、鎌倉末期の一三二三年の夏に中国の寧波を日本に向けて出港したものであった。その船には、良質の陶磁器や銅銭、紫檀《したん》材等の膨大な荷物が積まれていた。この船に積まれた荷物は、焼失した京都の東福寺の再建費用を工面するためのものであったといわれているが、元と日本の深い経済関係をうかがい知ることができるものである。大陸と日本の関係は物資のみでなく、人の往来も激しかった。

日本の北と南

海の武士団

大陸と日本との間の、海を仲立ちとした交易・経済関係、人物の往来が激しくなると当然のこととして、海の上で活躍する人々も多くなっていく。このような人々は海民（海の民）と呼ばれており、さまざまな方面で活動するのであるが、海上の道で交易にたずさわったような海民は、海の武士団ともいうべき存在であり、中世後期にいたれば、倭寇《わこう》ともいわれるようになっていった人々である。

海民の多くは塩を焼いたり、海で網を曳いて漁業をおこなったり、年貢等の輸送をいとなんだり、また海岸の近くのわずかばかりの農地を耕す存在であった。支配者はこのような海民を組織して、海や浦の支配の強化をめざし、また海民も特権を求めて権門《けんもん》につながりを求めていった。

このような海民の大規模な集団が瀬戸内や九州沿岸にあらわれてきた。とくに北九州沿岸に根拠地をもっていた松浦党が有名である。彼等は典型的な海の武士団であった。平安末期から筑前や肥前沿岸で朝廷と結んで活動している有力海民が知られているが、彼等が次第に武士団となり、一般の海民を従属させて、海上を支配して、大陸との交易にたずさわる主役となっていったのである。

そして彼等海の武士団は時には海賊行為をおこなったりしたことにより、後には倭寇と呼ばれるようになっていった。建武政権が成立する二五年ほど前の一三〇八年に日本の商人が寧波（慶元）で暴動を起こした。元の官吏と商品の取引をめぐってトラブルとなったのである。彼等は明州城を焼き討ちし、九州に逃げ帰ってしまった。中国で仕入れた物資が莫大な利益をうむために密輸も多く、輸出を統括しようとする元の役人と衝突したのである。この事件は「元が攻めてくる」などと伝えられたために、一時日本国内は緊張した。日本の商人の大陸におけるこのような行動は、南北朝動乱以後に多発するようになっていき、多大な被害を与えたことにより、彼等は倭寇と呼ばれて大陸の人々に恐れられたのである。後に大きな政治問題になっていくのである。

博多と十三湊

博多に集う商人層は海の武士団であった。だが彼等のすべてが日本人というわけではなかった。博多は古代においては太宰府と呼ばれており、政治都市の役割を演じてきたのであるが、平安期にそのような役割は終えた。中世においては、東アジア世界の商業の発展により、新たに国際商業都市として繁栄するようになり、東シナ海北端の主要都市に変貌していった。

博多には、中国・朝鮮から物資を仕入れてきた外国の商人、日本の産物の輸出にたずさわる商人があふれており、市中に「唐人町」を造り、多くの唐人や宋人等が居住している国際都市であった。彼等は日本社会に深く食い込んでおり、有力寺社の保護を受けたりしながら貿易活動をおこなっていた。

そういえば、前述した日本に向かい韓国沖で沈没した「新安沈船」の乗組員も、中国人、朝鮮人、日本人等が混合していたとみられている。さらに国内においても、「唐人」とみなされる人々が、櫛《くし》等の商品を売りながら全国各地を遍歴していたことが知られている。しかし彼等も蒙古襲来（モンゴル戦争）以後に次第に活動を制限されるようになっていき、倭寇のような日本の商人に駆逐されていったが、南北朝動乱以前の日本社会は国際色豊かな開かれた社会であった。

北方にも同様な状況がみられる。北の世界との窓口は十三湊であった。当時の日本は北方との交易も活況を呈していた。その交易はサハリン、千島、沿海州、遠くカムチャツカ半島方面まで広がっていた。十三湊のあった十三湖は今でこそ北津軽の寒村にすぎないが、平安期以来天然の良港として、北海の産物を畿内や全国各地に送り出す基地であった。この港は博多と肩を並べるほどであり、北方の蝦夷船、畿内各地の京船等が群集してその繁栄は目を見張るばかりであった。さらに北海道の上ノ国勝山館からも膨大な中国産の陶磁器が発掘されており、日本海が太い交易ルートであったことを示している。

北方にも海の武士団が存在していた。蝦夷管領《えぞかんれい》、あるいは日本将軍《ひのもとしょうぐん》と呼ばれていた安藤氏がそれである。安藤氏は十三湊を根拠地にして日本海交易に従事していた。安藤氏は鎌倉幕府の執権であった北条泰時が、北条氏の代官として津軽に下したのであるという。そしてその権限の中心は東夷成敗《とういせいばい》権《けん》と呼ばれるものであり、この権限は蝦夷地の支配権と北方との交易権であったという。後にもふれるが、このような日本海交易による利益に目をつけた北条氏は、交易を支配しようとして日本海各地の港や九州各地を自己の所領として押さえていくのである。

アイヌと琉球

北方の海の武士団である安藤氏は海運や漁業、蝦夷地の狩猟にかかわり、海民や漁民、狩猟民を組織してシベリア辺りまで交易網を広げていた。この交易に深くかかわっていたのが、アイヌ民族であった。アイヌ民族は古くから蝦夷地や奥羽北部(古代では和人をも含めてエミシ、後にエゾと称している)に居住し、狩猟と漁撈、北の産物の交易等に従事していたのであるが、一三世紀ころにアイヌ文化という様式の文化を確立して、民族として自立し、オホーツク海、蝦夷地、サハリン、千島等の地域で広く活動して発展しはじめた。

中世には奥羽の北部に居住しているアイヌも少数ながら存在しており(近世初期まで居住がみられる)、蝦夷地や千島のアイヌは津軽の外浜《そとがはま》(津軽半島の東地域)や十三湊に、交易のためにしばしば訪れ、活発な交易活動を展開していたことが知られている。安藤氏はこのようなアイヌから獣や魚類、海産物を得たり、本州からの鉄器、日用品を彼等に売る交易にたずさわる商人を統括したりしていたが、自らもそのような交換経済にたずさわる武士団であった。当時の日本はアイヌを通じて北アジアにつながっており、アイヌ民族の動きは経済関係ばかりでなく、政治的にも当時の日本に大きな影響を与えていた。

九州から目を南方に転ずると、中世において日本と大陸の経済関係を考えるうえで欠くことができない琉球が統一の方向に歩みはじめていた。一二世紀ころに琉球は「グスク時代」と呼ばれる時期となり、按司《あんじ》と称するような首長が小規模な政治集団をつくって抗争する時代にいたる。グスクとは特徴のある石積みの城の遺構のことであるが、この時代の遺跡から中国の物品が多く発掘されることにより、中国との深い関係の中で、統一の方向に歩みはじめていたといえる。さらに一四世紀の初頭になると有力な按司三人が現れ、山北（北山）、中山、山南（南山）と呼ばれる三つの領国を築いて、相争う「三山時代」（「山」とは「国」というような意味である）となっていった。

三山は、日本より中国との関係が深く、それぞれ中国に入貢していた。琉球の地理的位置は、東シナ海の真ん中にあり、江南地域から日本にいたる重要な拠点であった。また、九州から東南アジアにいたる中継ぎ交易の上での重要地域であり、東シナ海を中心とした経済圏の核となった地域である。日本への物資・文化等は朝鮮だけでなく、琉球を通しても多く運び込まれた。

支配矛盾の拡大

富める人のみが人である

東シナ海や日本海を経て膨大な物資や銅銭が日本に流入してきたのであるが、平氏が日宋貿易にたずさわり、この貿易の利益からその繁栄の基礎を築いたことはよく知られている。この宋銭が日本に多大な影響を与え、ついに鎌倉幕府を崩壊に導くのである。日本各地の遺跡から大量の銅銭が出土しているが、銭は各地に運ばれ、次第に市場等で使用されるようになっていき、品物の売買だけでなく、田畠や家屋等の売買や、年貢の納入にも使用されるようになっていった。

従来は布や米の価値を換算の基準とした交換経済で、米や絹等の現物の交換によって売買がおこなわれていたが、次第に流通経済が、銭を中心とするようになっていき、さまざまな混乱が生まれるようになっていった。朝廷は銭貨の流通を禁止したり、鎌倉幕府も一部の地域で銅銭の使用を禁止したりした。だが効果はあがらず、むしろ各地に市場が成立して、地頭等は年貢や公事物《くじ》等もそこで販売するようになり、彼等は銭を得て、年貢を銭で荘園領主に送ったりするようになった。このようなことを代銭納《だいせんのう》と呼んでいるが、一二二一年（承久三）に、伊予国でその初見が存在している。鎌倉末期頃になると動産、不動産のほとんどが銭で取引がおこなわれるようになっていき、ますます激しく日本社会の中に銭が入り込んでいった。

貨幣経済が日本各地に浸透していったことにより、経営手腕のあるものが続々あらわれ、高利貸が活躍するようになってきた。高利貸は借上《かしあげ》とも呼ばれていたが、有徳人《うとくにん》と呼ばれる裕福な人々が多く現れてきたのも鎌倉時代のことである。吉田兼好は『徒然草』の中で、ある大福長者の言葉として、「貧しくては生きている甲斐がない、富める人のみが人である」と書いているのである。裕福な人々を当時有徳人と呼んでいた。

所領の移動

「銭の病」などという語句が流行《はや》ったりするように、貨幣経済の浸潤《しんじゅん》は日本社会を激しくゆり動かしはじめた。その最大のものが所領支配権の移動であった。所領の売買・質入れが盛んにおこなわれるようになり、土地の権利関係に混乱をもたらしたのである。

鎌倉時代の土地制度は「荘園公領制」と呼ばれている制度であった。公領とは国衙領《こくがりょう》のことであり、その構造はほとんど荘園と同じであった。典型的な荘園は、本家—領家—荘官—名主というような、本家を頂点とする重層的な権利関係で構成されており、その権利は「職《しき》」と呼ばれていた。「職」のもつ意味は複雑であるが、簡単にいえば年貢や公事を取る権利であったといえる。鎌倉幕府の土地制度も、御家人が「地頭職」等に補任されることにより、基本的にこの「職」の体制の中に組み込まれていた。

このような体制に果敢に攻撃を開始したのは金融活動をしている山僧（延暦寺の僧侶）、神人《じにん》、供御《くご》人《にん》、借上、有徳人、商工民、海民等の非農業民である。鎌倉中期以後になると、山僧や神人、供御人は神々の権威をたのみ、金融活動を展開して、御家人等の借金のかわりに所領の年貢の徴収を任せられたり、御家人が訴訟の時に、彼等に訴訟を依頼したりして彼等を頼みとし、力を蓄えていった。しかし御家人が所領を失っていったのは、山僧等の金融活動であり、「職」の体制を崩壊に導きはじめた。また借上や有徳人等が所領売買に深くかかわり、所領や「職」を集積していたことはいうまでもない。御家人の中には多額の借財をして所領を手放すものが続出してきた。また、蒙古襲来がその要因となったこともいうまでもないことである。

このような状況は、有力な寺社や公家領の中にも広範にみられるようになっていった。寺社領等では、本来寺社（神仏）そのものの所領（寺社が祭礼などをおこなうための費用を負担する所領）であったものが、寺僧や神官個人の私有となっていったりして、寺社領がどんどん減少していった。公家領も同様であり、借銭や所領の売買等をめぐって険悪な争いがいたるところで繰り広げられるようになっていったのである。幕府や朝廷側からみるならば、幕府や公家（王朝）の支配の基礎となっている本来の知行人《ちぎょうにん》の手から所領が続々離れていっていることは、支配体制の危機であった。幕府や朝廷の支配のもっとも根本である荘園公領制という土地制度が解体しはじめたことから危機感は深かった。

本来の知行人を当時は「本主《ほんしゅ》」と呼んでおり、買得や質流れにより、本主からはなれて所領を所持するようになった人を「非器《ひき》の輩《ともがら》」（正当な権利がない人）、「一旦執務の人」（仮に知行している人）などと称している。現在では売買で土地を買ってしまうと、さらに転売しないかぎり永遠に買い主のものであるが、中世では違っていた。本主権というものが存在しており、元の所有者に本来の権利があり、土地を買った人は「一旦の所有者」（本当の所有者ではない仮の所有者）だけでしかないという所有観念が存在していた。鎌倉幕府や朝廷の支配はこの土地所有観念のうえに成り立っていた。しかし鎌倉後期になれば、このような本来権利のないと思われていた人がさまざまな手段を用いて所領を手に入れたり、権利がないにもかかわらず、所領の売買、質入れが盛んにおこなわれていたのである。荘園公領制という年貢徴収・支配秩序がガタガタと崩れていった。

徳　政

このような支配の危機をみて幕府も公家（王朝）側も手をこまねいてはいなかった。「非器の輩」の所有となっている所領を、強権をもって本主に返してしまうということをおこなったのである。この政策を徳政と呼んでいる。

徳政とは本来、有徳な君主が徳をもって地上を統治するということであったが、中世ではこのような政治理念から、所領を「正当な権利」のある人に返すという思想となっていった。なぜこのようになっていったかは省略するが、このような思想から中世の徳政令や徳政一揆が生まれてくるのである。徳政（徳政令ではない）は、裁判を迅速にし、本主に所領を返却することを主要な目的として、蒙古襲来前後から、公家・武家の両者が手を取り合って断行した政策である。これにより公家・武家・寺社領の流動化、荘園制支配の解体に歯止めをかけようとしたのである。

幕府は文永年間（第一次蒙古襲来のころ）以降、所領の売買や質入れを禁止したのであるが効果はなく、安達泰盛（彼は途中で失脚する）等が精力的に徳政を断行したにもかかわらず、一向に流動化は止まらず、かの有名な永仁の徳政令にいたるのである。公家側の徳政も同様であった。所領を失った武家被官や京都側の被官が続々と出現し、所領や貸借にかかわる訴訟が鎌倉でも京都でも山積するようになっていった。大河に竿さして激流を塞《せ》き止めようとするような徳政は、支配秩序の維持に役立たなかったばかりではなく、むしろ矛盾を激化させ、鎌倉幕府を滅亡させる強大な勢力を生み出してしまった。悪党といわれる勢力である。

悪党の活動

悪党《あくとう》とは現在は悪者という意味であるが、鎌倉時代に使用された悪党という語句は多少違っており、幕府や公家等の支配者に抵抗するものというニュアンスが込められている。悪党禁止令はすでに鎌倉幕府法の『貞永式目』にみえているが、鎌倉幕府は一三世紀中頃より、諸国の守護・地頭にたいして、次々と悪党の禁止令を発するようになった。それにもかかわらず、一四世紀に入ると、悪党の活動が激しく、もはや守護や地頭の手に負えないような地域が各地にあらわれてきた。幕府は使節を下して鎮圧しようとしたが鎮まらずに、悪党の活動は燎原の炎のようにますます広がっていったのである。

幕府の法令にみられる悪党とは、山賊・海賊・強盗・夜討等であるが、確かに悪党の中にはこのような人々がみられる。だが悪党が発生した地域や、幕府から悪党と呼ばれた人々を詳細に検討してみると、現代風の「盗賊」と同じとは断言できない。悪党が発生した地域は荘園内部や、街道の要地である関所や宿、港湾や水運にかかわる場所が多い。また、悪党と呼ばれる人々は、荘官や御家人等も多く含まれており、流通経済にかかわっていた商工民、山僧等も悪党の主要な構成員であった。

悪党発生地域や悪党構成員の特徴をみると、流通経済の発展の中から出現してきたことは明らかである。物資や銭が大量に流通して、市が立ったり、港湾都市、宿等が発達してくると、この流通過程の中であがる膨大な利益をめぐって、激しい争いが起こってくるのである。この利益の収奪の争いの中に、鎌倉幕府の実力者である北条氏、ことに得宗《とくそう》（得宗については三三ページ以下を参照されたい）が割り込んでくる。日本海沿岸や瀬戸内都市、九州の大部分の地域を北条氏領となし、海運・水運の拠点・要衝を押さえたことにより、得宗や御内人《みうちにん》（得宗の被官）の懐に莫大な利益が転がり込んでいった。ことに御内人は自らが借上をおこなったり、津料等の通行料を徴収するようなものが多く、流通経済の中に寄生しながら力を蓄えていった。

このような北条氏や得宗の振舞いに、行動でもって強い批判を示したのが悪党である。銭貨や物資の略奪、関所の占拠、路地狼藉《ろじろうぜき》（路上において物資を奪うこと）等をおこない、自らも流通に介入して、反鎌倉幕府、反得宗の行動を展開していったのである。

また荘園内部でも悪党の動きが顕著になっていく。年貢を払わない百姓も悪党と呼ばれるようになっていった。荘官や御家人等が悪党になっていくのは、確かに荘官・御家人と荘園領主との抗争、荘民を巻き込んだ荘官相互の争い、貨幣経済に巻き込まれた御家人・荘官等が所領を失い、悪党的行為をするという側面も存在していたが、もう一つ大きな原因があった。鎌倉後半期に幕府、公家がともにすすめた徳政政策がそれである。

徳政令と悪党

すでに述べたが、この当時の公家・武家の徳政とは、本来の意味する徳政から離れて、移動した所領を本来の所有者（知行人）である「本主」に戻すという政策であった。徳政が本来のあるべき姿を離れていった契機となったのは、伊勢・石清水・宇佐のような有力寺社の所領を回復させるという文永年間ころ（鎌倉中期）に発せられた「徳政」にあった。本来神や仏のものであった所領が、譲渡や売買で僧侶や神官個人のものとなったり、まったく関係のない他人の手に渡っていった。これをみた公家政権は「寺社興行」の徳政として、所領を本来の神仏に戻す政策を断行したのである。しかし、この政策の対象が幕府御家人や公家被官層に広がっていくのに時間はかからなかった。公家・武家が連携して徳政をすすめるのである。

そのもっとも有名な法令が、鎌倉末期に発布された永仁の徳政令といわれているものである。この法令は御家人の保護を基調としていた。経済的に困窮した御家人を救うために、非御家人、凡下《ぼんげ》（一般民衆）を犠牲にして、何年以前に売買されようとも、御家人の本主（所領を売った人）は無償で取り戻すことができると定めていた。非御家人以下の債権はまったく無視された。ただ御家人と御家人との間で所領を売買したときのみ、二〇年以上知行している土地を本主は取り戻すことができないとしているだけであった。

この徳政政策で膨大な人々が土地にかかわる権利を失っていった。売買か譲渡で得た権利を無償で取り上げられていったのである。このような人々は「非器の輩」と呼ばれていたと述べたが、「非器の輩」等が続々と悪党となっていき、反幕府行動を展開していくのである。御家人でも悪党になるものが多かったが、それは自らの経営手腕で得た所領を、本来の知行人ではないとして、本主に返還せざるをえなかったような御家人が悪党となっていったのである。

農民の闘争

領主層や幕府を苦境に追い込んだのは、悪党や貨幣経済にたずさわる者ばかりではなかった。各地の農民の行動も次第に激しさを増していった。

平安期における農民の所当官物（国衙から賦課される租税）の軽減闘争等により、鎌倉時代の前半期までは、幕府や荘園領主は「撫民《ぶみん》政策」を採ったとされている。一定の年貢・公事の軽減をおこない、「非法の政」をしないというイデオロギーを振りまき、年貢・公事を徴収していた。

しかし、鎌倉時代を通して、農業技術の向上、二毛作の普及等により、生産力が発展し、それにともない、年貢・公事以外の得分も発生してきた。このような得分をめぐって、在地に争いが展開していくのである。このような得分を加地子《かじし》などと呼んでいる。新たに発生してきた剰余をめぐって、支配者と生産者の間に激しい争いがみられるようになっていく。このような得分の発生が一三世紀の後半から荘園公領体制に変動をもたらし、新たな農民闘争が起こってくる要因となるのである。そしてこのような争いは、室町期の一揆につながっていくのである。

農民は、荘園領主や地頭等からかかってくる、「新儀非法《しんぎひほう》」と呼ばれるような新たな負担を拒否して、年貢減免闘争が各地にみられるようになり、領主層をてこずらせるのである。このような闘争を通して、惣村《そうそん》と呼ばれるような村落が次第に形成されていった。そしてこれらの村落が土一揆の基盤となっていく。幕府や荘園領主のよって立つ基盤ががたついてきたのである。さらに農民の中から悪党が続々とあらわれてきたのはすでに述べたとおりである。

苦悩する鎌倉幕府

得宗の専制

永仁の徳政令を発布したのは得宗の北条貞時であった。得宗とは北条氏の嫡流の家督の継承者（当主）のことであり、この貞時時代は得宗専制政治の時代であったといわれている。承久の乱以後の鎌倉幕府の政治は執権政治と呼ばれており、執権や評定衆による合議政治であり、中世の人々から高い評価を受けていたが、蒙古襲来前後からその政治が変質しはじめて、権力が得宗に集中するようになっていった。

このような政治を得宗専制政治と呼んでいるが、北条時宗のころより評定衆を中心とする合議的政治運営がおこなわれなくなり、一部の要人や得宗の側近等によって、得宗の私邸において「寄合」な

北条氏関係図

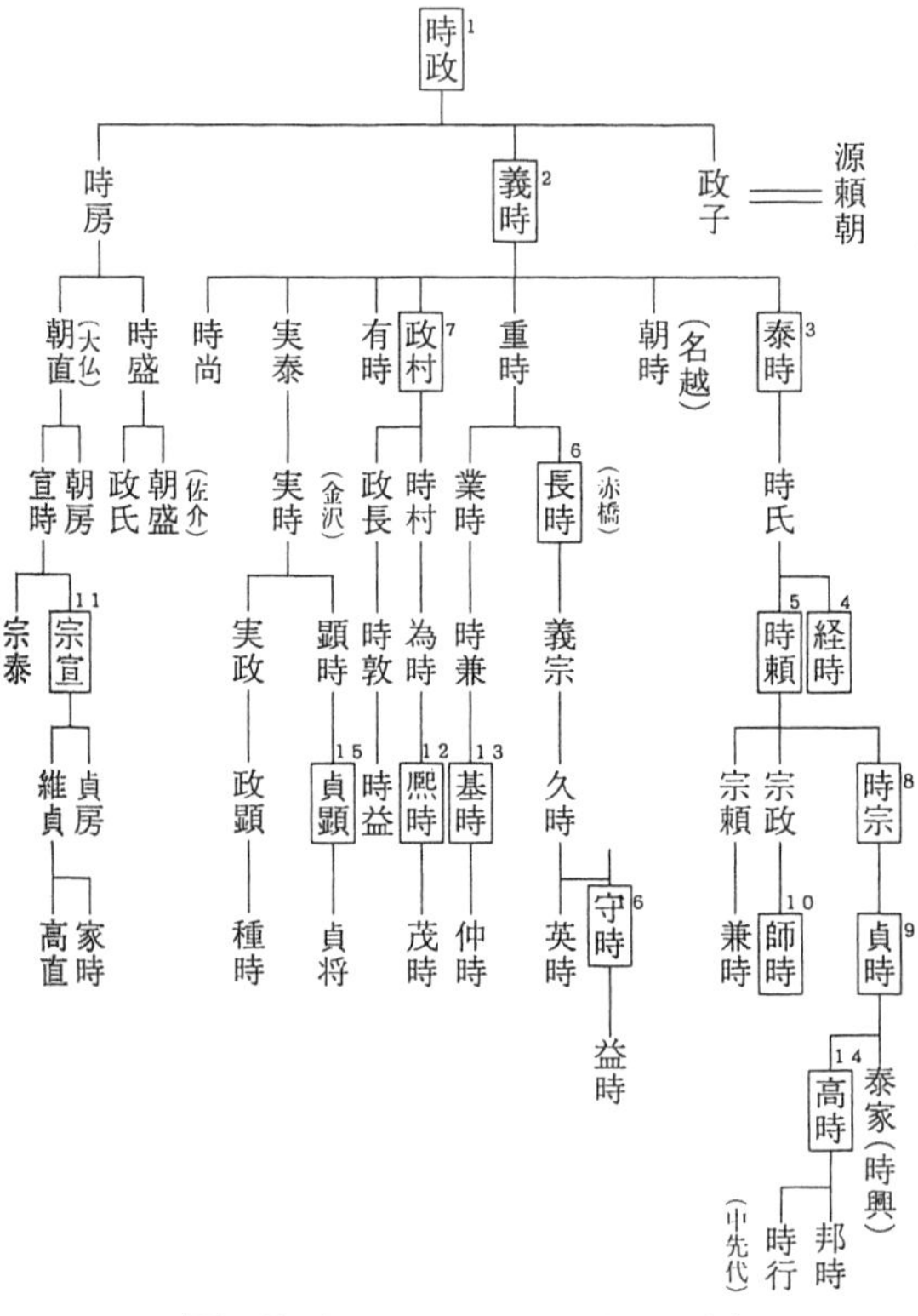

□執権（アラビア数字は就任の順位）

どと呼ばれる会議がもたれるようになった。そしてそこで幕府の最高政策が決定されるようになり、執権や評定衆の権限を奪っていき、得宗に権力が集中する、得宗専制時代になっていった。

得宗に権力が集中した要因は、もちろん蒙古襲来という対外危機にあった。対外危機において、果敢に外敵に対処していくためには、権力を集中せざるをえなかった。だが要因はそれのみではなかった。前述したように所領をめぐる紛争が激しくなり、裁判が膨大な量になり、また裁判が長期間に及ぶのが普通となっていた。そこであれこれ議論して合議して結論を出すより、裁判の「即決」こそ徳政であるとして、得宗に権限を集中したのである。貞時時代に得宗の独裁は最高潮に達した。

この独裁を支えたのは御内人と呼ばれる人々であった。しかし、御内人が勢力をえてくれば、御家人との抗争が激しくなるのは当然で、各地で争いが起こったのである。その最大のものは、霜月騒動《しもつきそうどう》と呼ばれる安達泰盛を中心とする御家人と御内人の争いであり、安達は敗北し、御家人は御内人に屈伏したのである。このため御家人で幕府から心が離れるものも多くなり、一四世紀に入ると、各地で悪党が蜂起して鎌倉幕府を中心とする支配は一段と矛盾を深めていった。

最後の得宗高時

一三一一年（応長元）貞時が死去すると高時が得宗の地位を得て、一三一六年（正和五）には、執権となり、最後の得宗が表舞台に登場してきた。高時が得宗となると、それを祝って「寺社興行」（寺社を繁栄させること）の徳政がなされた。これによって、御家人領等になっていた膨大な所領が、一部の例外を除いて、御家人から取り上げられて神官等に返還されたのである。もちろん非御家人や凡下輩《ぼんげのともがら》が神官等から得た所領のすべてが返されたのはいうまでもない。徳政が推進されはじめた蒙古襲来前後とは比較にならないくらい多くの所領が、幕府の強権によって還付されているのである。

徳政という鎌倉幕府の支配秩序を維持するための政策である、「元に返す政策」をすすめれば、すすめるほど反鎌倉幕府勢力は増えていった。そもそも経済関係で得たものを「ただ」で元に戻すことなどは無理な相談であったといえる。貞時が死ぬ三年ほど前に、引付奉行人の平政連という武将が、貞時に意見書をあげているが、いくつかの政道に関わる意見を述べたのち、「昔は千町歩以上をもつ御家人が多かったが、今ではわずか十余人ほどしかいない。その理由は、贅沢のためにお金がなくなり、富裕のものに所領を預けたり、公事のために所領を売ったりするためであるとし、所領のないものは狂乱して、奸謀《かんぼう》をなすようになっている」といっているのである。「銭の病」が蔓延し、御家人がそれに押し流され、再起不能になっていることがここから知られよう。このような事態のときに徳政令を発し、強権で徳政をおこなおうとしたが、これは社会の混乱を増すだけであった。

それに高時はお世辞にも有能な政治家とはいえなかった。当時のことを述べた『保暦間記《ほうりゃくかんき》』という書物には「すこぶる亡気の躰にて、将軍家の執権も叶いがたかりけり」などと酷評されており、田楽と闘犬を好み、日夜酒とともに過ごしたという。このような高時を支えたのは、御内人の筆頭である内管領《うちかんれい》の長崎円喜・高資父子、連署の金沢貞顕、高時の舅である安達時顕等であった。しかし実権は内管領の長崎父子が握っていた。

幕府存亡の危機

鎌倉末期に各地で悪党が激しく動きまわり、騒然としているころ、蝦夷でも混乱が起こってきた。

すでに鎌倉中期ごろから蝦夷の蜂起や安藤氏の内争があったと伝えられているが、鎌倉末期のものは幕府の命取りになるほどの大規模なものであった。

一四世紀になると陸奥・出羽の蝦夷が蜂起し、それに続いて、中世における北の窓口である十三湊を拠点とする安藤氏に内紛が勃発し、北方世界が不穏となっていた。蝦夷の蜂起は安藤氏に動揺を与え、安藤氏の内部において蝦夷管領職をめぐって、安藤季長と季久が争うところとなった。幕府はこの争いを鎮めることができないでいるうちに、双方が蝦夷を巻き込んで合戦をはじめたのである。そのうちに津軽では悪党が蜂起して、鎌倉幕府に抵抗しはじめた。幕府は何回も追討軍を派遣したが、蝦夷を鎮圧することができなかった。幕府の無力さが明らかになり、面目はまるつぶれであった。

悪党の蜂起は蝦夷だけではなかった。むしろ西国の方が激しかった。西国では海賊や悪党と呼ばれる人々が次々と蜂起するのである。播磨国のことを述べた『峰相記《みねあいき》』という地誌があるが、それによれば、播磨国で悪党が横行しはじめたのは、一三世紀末から一四世紀初頭であり、最初は一〇〜二〇人程度で小盗などをしていたが、しだいに五〇騎一〇〇騎の大集団になっていき、守護や地頭等は彼等を恐れて追討を躊躇したという。

一三〇八年（徳治三）には、熊野灘で大規模な海賊が蜂起し、一三一五年（正和四）、兵庫関の関銭をめぐって六波羅の使者と合戦に及んだ悪党があったが、それは商業活動に従事していた山僧（延暦寺の僧侶）であった。さらには一三一八年（文保二）には、海賊や悪党の鎮圧に手を焼いた幕府は、山陽・南海道一二か国に使節を下し、守護代等とともに追討したが、使節が帰るとまたまた悪党があらわれ、前より悪くなるというような状況であった。幕府にとって厄介な問題が次々と起こり、危機的な状況を迎えつつあった。このような中で、悪党の大蜂起といえるものが後醍醐天皇の「謀反」であった。後醍醐は、畿内西国の悪党勢力等を味方につけて（もちろん、味方したのは悪党だけではないが）、倒幕に立ち上がったのである。次に後醍醐の登場についてみてみよう。

王統の分裂と幕府

大覚寺統と持明院統

鎌倉時代の国家権力は大きく二分されていた。幕府と朝廷（王朝）が併存していたのである。朝廷側は鎌倉後半期にさらに二党派に分裂していた。その二党派を大覚寺統と持明院統といい、天皇位をめぐって抗争を続けていた。

二党派が形成されたのは、徳政という政策が打ち出されたころの文永年間である。蒙古襲来を二年後にひかえた時期に、長らく院政をおこなってきた後嵯峨上皇が死去した。この後の王朝側の主導権をめぐって後嵯峨の子である後深草と亀山が対立し、党派を形成して両統がほぼ交互に天皇位に就いていくのである。これを「両統迭立《りょうとうてつりつ》」などと呼んでいる。この対立は皇位だけでなく、天皇家の膨大

両統関係図

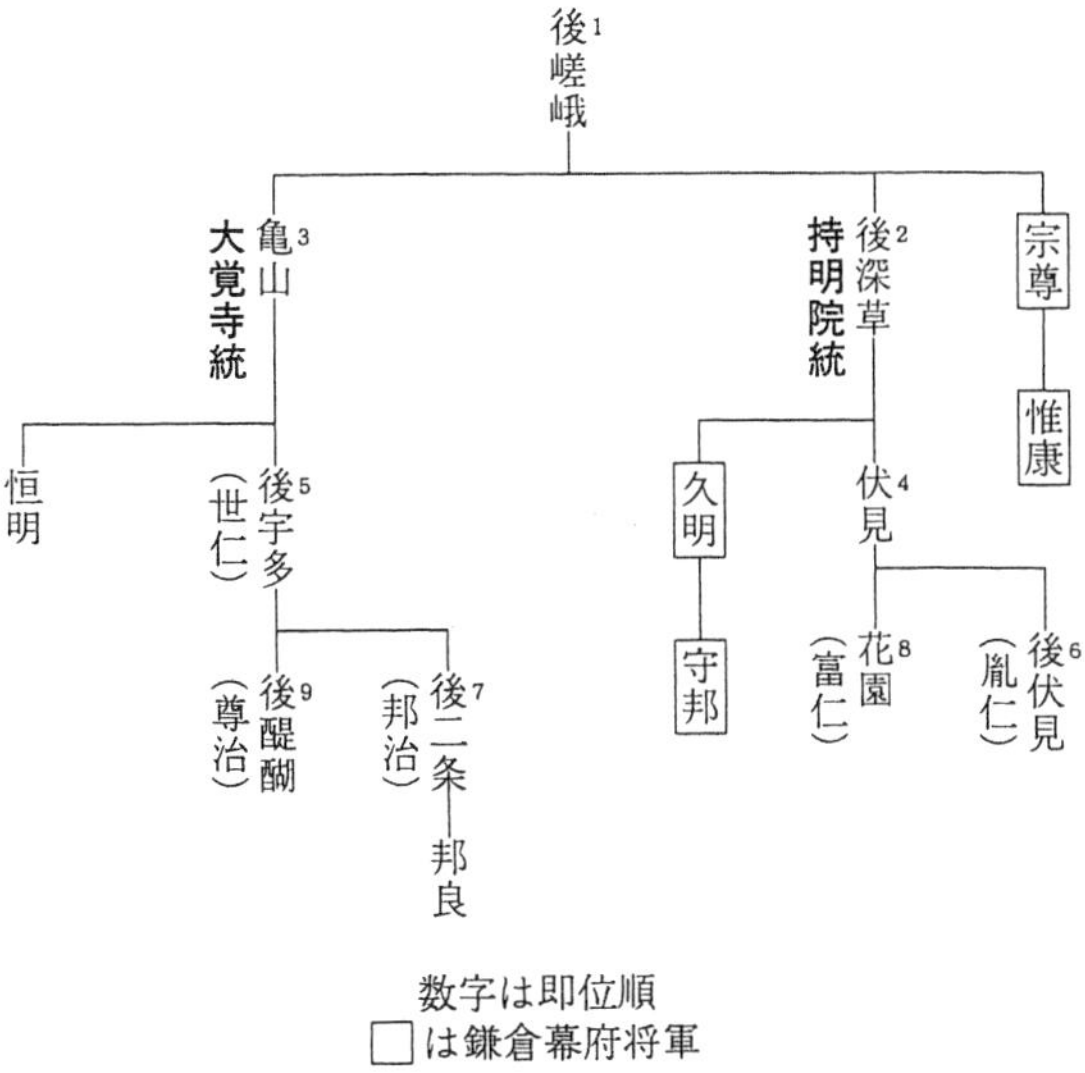

な荘園の領有問題にも及び、天皇家の荘園も大きく二分されていった。

この二党派は鎌倉後半期から末期にかけて京都政界内部で暗闘を繰り返すのであるが、しかし、表舞台では注目すべき事態がすすんでいた。朝廷側の政治改革を両統ともに積極的におこなっていた。関東の制度を模倣し、王朝の政治改革を断行することによって、王朝権力（公家政権）を再興しようとしたのである。この改革は一定程度成功した。詳細は省略するが、すでに後嵯峨時代に院の中に評定衆《ひょうじょうしゅう》を置いていた。これは院評定制と呼ばれており、院の最高議決機関として活動していた。この時期にそれに手を加え、院評定制を重要問題にあたる「徳政評定」と、所領等の訴訟にあたる「雑訴沙汰《ざっそさた》」に区分して、山積する訴訟にたいして、裁判の充実をはかっている。さらには記録所に「庭中訴訟《ていちゅうそしょう》」（裁判機関）を設けたりして、幕府の引付に近い制度に改革している。裁判の充実という徳政をめざしたのである。

公家政権と鎌倉幕府

王朝権力と幕府はどのような関係であったであろうか。この東西の二権力は独自な制度をもち、独自な権力のようにみられるが、それぞれ無関係に独立した権力として存在していたわけではない。相互に協調しながら人々を支配し、悪党に対処し、外敵にあたり、国家を統治していたのであり、それぞれが独自の権力機構だけでは支配を維持できない、複合政権国家であった。

両権力の意思疎通のために、公家側には関東申次《かんとうもうしつぎ》が置かれて、西園寺家が世襲的にその職務についており、西園寺氏が京都政界の最大の実力者であり、皇位継承にも大きな影響力をもっていた。一方、幕府は京都に六波羅探題を置き、西国を統括するとともに、王朝側とコンタクトを持っていたのであるが、もっとも重要な問題、たとえば、践祚《せんそ》（皇位の継承）、立坊《りゅうぼう》（皇太子に立つこと）については、東使《とうし》を派遣して、武家の意向を伝えるのが一般的であった、皇位継承の時などはしばしば、東使が上洛して両統の間の調停に動き、その意向が皇位継承の決定打になった。そこで両統は互いに幕府の支持をえようとして使者を鎌倉に下したことにより、世間の人々は「競馬《くらべうま》」と呼んで笑ったという。

天皇と将軍

この当時における天皇はどのような位置にあったのであろうか。中世の天皇は院政や幕府が樹立されたことにより、権力者としての地位は大変弱体化していた。だが弱体化したといっても、この時代の国家の統治機関の頂点にあったことは疑いないことである。さらに封建的な位階制の頂点にも立っていた。また宗教的な権威にも包まれていた。このような点から中世国家の王権を掌握していたとみなしうるのである。

一方、鎌倉幕府の将軍はどうであろうか。将軍は鎌倉時代の初期と末期ではかなり異なっているようにみえる。初期の源頼朝時代には、将軍に幕府権力が集中していた。だが、得宗専制時代と呼ばれるころには、京都から天皇一族が将軍として下って来て、将軍となり、あまり実権がないような存在であった。実権は得宗が握っていた。

将軍と得宗との関係は微妙なものがあり、将軍も次々に代えられた。将軍の地位はこのように不安定なものであったが、幕府にとっては必要不可欠なポストであった。御家人との間の主従制は将軍なくしては成り立たないからである。このことは得宗が決して介入できない点である。そのため、御家人との間が親密になってくると、得宗はそれに不安を持ち、将軍が京都に追い返されるという事態も生じたのである。天皇も将軍も政治的実権は他者に握られていたが、両者ともに、他者が介入できない権限を持っていたことも事実である。

後醍醐の登場

王朝側では鎌倉後半期に政治改革を断行してかなりの効果をあげ、「治天《ちてん》の君」あるいは「治天」

と呼ばれる、院政をおこなっている上皇のもとに権力が集中されていき、王朝側の政治も「治天」の専制的側面が目立つようになった。そのために大覚寺統、持明院統ともに、どちらが「治天」の地位につくかで熾烈な争いとなったのである。「治天」のポストを手に入れるためには、天皇位を得ることであり、その位につくためには東宮《とうぐう》（皇太子）にどちらの統から任命されるかが決定的なことであった。そのため東宮の地位をめぐって暗闘・陰謀が繰り返された。幕府はその両者の調停者として幅を利かしていた。

事態をさらに複雑にしたのは、大覚寺統の内部がさらに分裂したことである。後醍醐が即位したのは一三一八年（文保二）のことで、三一歳になっていた。当時としては異例な高齢での即位であった。後醍醐が天皇につき、歴史の舞台に登場できたのは、後宇多天皇の子で、正嫡の後二条天皇が二四歳の若さでなくなるという運にめぐまれたことにあった。後二条の皇子邦良は幼少であったので、後二条の弟である後醍醐の地位は、邦良の即位までの暫定的なものということで即位したのであった。大覚寺統の正統は後二条流であり、後醍醐は大覚寺統の中でも傍流に属していたのである。

後醍醐は野心家であった。自分が中継ぎの天皇で、自分の子孫が天皇位につくことができないということが許せなかった。そのため後醍醐と邦良が党派を形成して、大覚寺統内部で争いはじめるのである。この争いでもまた後醍醐に幸運が転がり込んだ。東宮となっていた邦良が一三二六年（正中三）二〇歳で死去してしまったのである。

父親後宇多上皇とも微妙な関係にあった。もちろん後宇多は後二条の子孫を天皇にと考えていたのであるが、寵愛していた皇后や、将来を嘱望していた後二条天皇が死去してしまったことにより、世をはかなんだのであろうか、真言密教に深く帰依《きえ》するようになっていった。政務にかかわることが煩わしくなったのであろう、「治天」の地位を捨てることとなったのである。

ここに、一三二一年（元亨元）後宇多は院政を止め、後醍醐天皇の親政《しんせい》（天皇が直接政治をおこなうこと）が開始されたのである。

第二章　陰謀から討幕へ

後醍醐の親政

洛中の経済統制

商業・流通経済の発展は多くの都市を成立させたが、その都市の中でも最大の経済都市となり、流通経済の中心地となったのは京都（平安京）である。京都は本来は古代的な政治都市であったのであるが、平安末期のころより、都市の性格を転換させはじめ、鎌倉時代にいたると、商品流通・貨幣経済の中心地となっていき、全国各地から年貢や商品物資が続々集まり、多くの商人や高利貸等の金融業者が集中する都市となっていった。

後醍醐の親政は、発展してきた流通経済に対応した政策にみるべきものを残した。その一つは経済都市京都に従来みられなかったような経済政策を施したことである。一三二二年（元亨二）に、「洛《らく》中《ちゅう》酒鑪役賦課令《しゅろやくふかれい》」なる法を発した。「酒鑪役」とは、「酒屋役」のことであり、「役」とは税である。この法は従来比叡山延暦寺のような寺社権門に従属して商業活動をおこなってきた洛中の酒屋を、朝廷の支配下に入れて、課役を賦課しようとしたものであるとされている。

　同時期に、「神人公事停止令《じにんくじちょうじれい》」も出された。「神人」とは、神社に隷属して活動していた非農業民たちであったが、ことに洛中では商工業に従事している人々が多かった。この「停止令」は、神人が神社から課役を賦課されていたのを免除し、天皇のもとに「供御人」として組織し、商業・流通を活発化させようとしたものである。供御人とは天皇に品物や食料をささげて奉仕する人々のことである。さらに「洛中地子《じし》停止令」なるものをも発して、公家や寺社が洛中から地子を徴収するのを禁止したが、これも流通の促進・支配をすすめようとする後醍醐の意図からでたものである。

関所停止令

後醍醐は流通経済にかかわるもう一つの特徴ある法令を発布している。それは「諸国新関停止令」といわれるものである。中世の関所は経済の発展にともなって各地の交通の要地に多数立てられるようになった。そこを通過する商品物資から通行税を徴収するという利益を得ることができ、得分権化していた。ことに関所が多かったのは、瀬戸内沿岸、淀川近辺の摂津・河内、琵琶湖から北陸にいたる街道等の要衝で、そこに多くの関が立てられ、荘園領主や寺社等の経済基盤となっていたのである。

　鎌倉幕府も「旅人の煩い」として、しばしば「新しい関所を立てること」の禁止令を発しているが、後醍醐も一三三〇年（元徳二）に「新関停止令」を発布している。『太平記』によれば、「四境七道の関所は、本来は国の禁止事項を他国のものに知らせ、非常のことを警戒するものであった。ところが現在は通行人から利益をむさぼるものになっている。商売・往来の弊害であり、年貢輸送の煩いである」として大津（近江国）・葛葉（河内国）のほかはことごとく新関を禁止したと述べているのである。「新関」とは「文永年間以後に立てられた関」のことである。後醍醐は洛中だけでなく、諸国の流通を活発化させていこうとしていたといえる。

この「新関停止令」も後醍醐が流通経済の発展のためにとった政策であることは明らかである。この同じ年に米価騰貴のために洛中米価や酒価の公定等をおこなったことも、後醍醐の一貫した政策の一つであるとされており、いわゆる「徳政」などという、流通経済に棹さすような政策はみられないのである。

だが得宗・北条氏も黙視しているものではなかった。幕府は徳政を基本政策にすえながらも、流通経済の中からあがってくる利益もまた確保しようとしていた。沿岸都市を得宗領にするとともに、悪党や海賊等の警固のためにきびしい海上警固を続けた。これとともに、幕府も西国の諸神社に「神人交名注進令」（「交名《きょうみょう》」とは名簿のこと）を出して、神人の組織化に乗り出しているのである。幕府も諸社の神人を掌握して、流通経済を握ろうとしていたのである。この点でも後醍醐と得宗は衝突することになるのである。

人材登用

京都が流通経済の中心となってきたので、時の権力にとって洛中の支配はきわめて重要な問題であった。後醍醐は親政の開始以来この問題に力を注ぎ、法令を発布してきたのであるが、具体的に洛中の人々や土地支配の担い手になったのはどのような機関であろうか。それは検非違使庁《けびいし》と呼ばれる古代以来「非違・検断（警察権）」を職掌としていた機関が洛中支配の中心となった。

検非違使庁は警察権や民事裁判権だけではなく、非人等の統制もおこなっていたが、この機関の長官である別当に北畠親房を抜擢して任命した。その時期は後醍醐が親政を開始した直後で、さまざまな経済関係の法令を発布した一三二二年（元亨二）のことである。親房は村上源氏の庶流であったが、天皇の信任がきわめて厚く、官位昇進も早く、洛中支配という大役を任されたのは家柄だけでなく、能力にあった。親房の次の別当には、下流公家出身の日野資朝を登用した。資朝は周知のように「正中の乱」における首謀者の一人であり、幕府に捕らわれて、さらに「元弘の乱」にいたり、殺害されるのである。彼は後醍醐の腹心中の腹心であった。

日野資朝の同族の日野俊基も後醍醐が前例を無視して大胆に抜擢した一人である。俊基も討幕運動の最先鋒となっていくことは知ってのとおりである。また吉田冬方・平惟継等も後醍醐のまわりに存在しているが、彼等は新しく入ってきた儒学（宋学）の検討・研究会をとおして後醍醐のもとに集まってきた若い公家たちであった。

天皇「御謀反」

正中の乱

後醍醐が討幕をいつから心に秘めていたかは不明であるが、親政を開始した直後ころからではないかと推測される。一三二四年（正中元）六月に、父親の後宇多上皇が死去すると、その三か月後にいわゆる「正中の乱」といわれる、天皇を中心とする討幕の陰謀事件が、陰謀参加者の密告から発覚し、日野資朝、俊基等が六波羅探題に捕らわれて鎌倉に送られている。この陰謀は九月二三日には鎌倉に急報が入り、「当今（後醍醐天皇）御謀反」と述べられているのである。

この「謀反」は「無礼講《ぶれいこう》」または「破礼講《はれいこう》」と呼ばれる会合において、計画が練られたといわれている。この密謀は荒っぽいもので、「無礼講」の参加者の域をでるものではないと考えられていた。だが近年の研究により、陰謀加担者はかなりの広がりをもっていたものと考えられている。たとえば六波羅探題の引付頭人、評定衆である伊賀兼光が後醍醐に内通していたことが知られるようになった。兼光は建武政権が成立した後は後醍醐の寵臣として、新政権の中枢部で活躍しているのである。幕府側では想像もできない事態が進行していたといえる。

正中の討幕計画は日野資朝に責任をとらせて、後醍醐が幕府に弁明書を送って、無関係なことを主張したために、後醍醐の責任は不問となり、一応決着した。しかし後醍醐の討幕の意志は変わらなかった。後醍醐は強烈な目的意識をもった天皇であった。

討幕の祈り

『太平記』によれば、一三二二年（元亨二）より、三年間にわたって、中宮の懐妊を願って、諸寺・諸山の高僧がさまざまの秘法をおこなったとしている。実はその祈りは、中宮のお産の祈りにかこつけておこなった、関東調伏のための密教の秘法（幕府を祈って滅亡させるための密教呪術）であったとしているのである。

『太平記』のこのような記載は、時期が異なっているが事実であった。関東調伏の密教秘法がなされたのは、一三二六年（嘉暦元）から四年間にわたっておこなわれたのであった。近年の研究によれば、鎌倉幕府もこのような後醍醐の動きを察知しており、六波羅探題に、後醍醐の「お産の祈り」の疑惑についての調査を命じているのである。

正中の乱後、後醍醐の立場は不安定になっていったものと考えられ、持明院統側からはしきりに退位を持ちかけられる事態となっていた。後醍醐にとっては運よく、大覚寺統のライバルであった東宮邦良が一三二八年（嘉暦三）に死去したが、その後任の東宮は幕府の推挙により、持明院統から量仁（後伏見の子）が立つことになった。後醍醐にとって不満な決定であった。皇統継承の面からも討幕の意向をますます固めていった。

元弘の乱

一三三一年（元弘元）になると、裏の陰湿な討幕の動きから、いよいよ表の世界で討幕の歯車が回転しだした。四月二九日に、後醍醐の側近である吉田定房から幕府に密書が届き、そこには天皇が討幕を企てていること、その計画の中心人物は日野俊基であること、律僧の文観《もんかん》・円観《えんかん》等が関東調伏の祈禱をおこなっていることが記されていた。僧文観は先に述べた伊賀兼光を後醍醐方に引き込んだ人物とされており、宮中に入った妖僧ともいわれている後醍醐の信任の厚い僧侶である。定房が幕府に密告したのは、後醍醐の計画に、天皇制存続の危機を感じたからであるといわれている。

この知らせを受けて幕府は五月五日に使者を派遣して俊基、文観、円観等を召し捕り、鎌倉に下して、俊基と当時佐渡に流されていた日野資朝を切り、文観、円観を流罪にして決着をつけ、またもや後醍醐の罪は問わなかった。幕府が後醍醐に寛宥《かんゆう》的であったのは、幕府内が後醍醐にたいして強硬派と融和派に分かれていたからであるといわれている。

だが事態は急展開した。後醍醐はこの事件の三か月後の八月二四日に内裏を出奔し、奈良をへて、笠置寺に籠ったのである。寺が存在する笠置山は、三方が断崖絶壁で、木津川等の河川に囲まれ、もう一方は柳生に通ずる険しい山並みが続き、山肌には花こう岩がむきでており、守るに易く、攻めるに難しい場所であった。

八月二九日、天皇「御謀反」の知らせが鎌倉にいたった。六波羅探題の軍勢では手に負えず、九月初旬に大仏貞直、金沢貞冬、足利高氏（元弘三年八月五日に「尊氏」と改名するまで「高氏」を使用する）等の名だたる武将が笠置攻めのために、続々と鎌倉をたっていった。

九月一八日に、量仁は践祚して光厳天皇となり、同月二八日に幕府軍の猛攻により笠置は陥落した。後醍醐は次の日に捕縛されて、一〇月三日に六波羅に送られてきた。乱後に後醍醐は例のごとく弁明を試みたが、今回は幕府に入れられるところとならず、承久の乱に倣《なら》って、隠岐への流罪と決まり、次の年三月七日に隠岐へ流されていった。このような事態をみて、花園上皇は「一朝の恥辱」と慨嘆したが、後醍醐の側近にも、吉田定房等のように、天皇制の行く末を危惧する公家も多かった。

天台座主尊雲から護良へ

この乱に荷担した後醍醐の皇子たちは、尊良《たかよし》は土佐に、尊澄《そんちょう》（還俗《げんぞく》して宗良《むねよし》親王と称する）は讃岐に流罪となったが、尊雲《そんうん》法親王（還俗して護良《もりよし》親王と称する）は逃れて、大和、河内、紀伊の山岳地帯で、中小国人・悪党層を組織して、反幕府の活動を展開するのである。これにより討幕の勢いが強くなっていく。

護良親王（尊雲）は建武政権が崩壊していく中で「悲劇的」な死を遂げたということで有名な人物である。だがこれは近代天皇制国家が作り上げた支配思想、イデオロギー操作の一つであり、敗者の死を近代天皇制イデオロギーの確立に利用したものである。彼が建武政権の成立に果たした役割の評価は高いが、新政権成立以後の護良の評判は当時からかなり悪かった。この点は後に述べよう。

彼は二度にわたって天台座主《ざす》（比叡山延暦寺の最高の地位）に任ぜられたが、学問を軽んじて、武芸を好んだことにより天台座主始まって以来の不思議な座主だとされている。尊雲は一三三〇年（元徳二）まで、天台座主であったが、その後姿を消して、二年後に大和の山岳地帯にあらわれてくるのである。後醍醐が笠置に立て籠るほぼ一年前のことである。彼が武士層を組織し、討幕を準備していたことは明白であり、後醍醐の旗揚げとは密接な関係があった。建武政権成立までの護良の活動が、討幕に果たした役割が大きかったことは疑いないところである。

畿内騒然

悪党楠木正成

後醍醐を隠岐に流した後も畿内は騒然としていた。畿内各地で反幕府のゲリラ的活動が続いていたが、その中でもとくに有名な人物が楠木正成である。彼も「劇的」な敗死を遂げたことにより、近代の天皇制支配イデオロギーを支えるヒーローを演じさせられたが、中世の人々は、ことに室町時代は楠木一族を「朝敵」と呼び、世の中を騒がせた「積悪」の者ども（数多くの悪い行いをした者ども）とみなしていたのである。南朝に忠節をつくした一族であることより当然の見方であったといえよう。

正成の前半生は意外と分かっていない。正成が河内国の土豪で悪党であったことは通説となっている。一三世紀末に播磨国の悪党の中に、「河内楠入道」という者がいたことが知られており、また一三三一年（元弘元）九月和泉国若松荘で濫妨を働いた悪党の中にも、「悪党楠兵衛尉」という者がいた。この悪党が楠木正成であった。悪党楠木正成は、猿楽能の大成者観阿弥の叔父であるとする説、散所《さんじょ》の長者説、供御人説、さらに東国の御家人の出身であるとの説もあり、さまざまに推測されているが、楠木一族は播磨、和泉、河内などに散らばり、非農業民を組織したり、商業等にもたずさわる武士であったことは事実であろう。正成が悪党と呼ばれるのはそれなりの理由があった。

この正成がいつのころからか後醍醐と結び、反幕府の行動を展開していくのである。『太平記』では、後醍醐が笠置山に立て籠った時、夢の中に正成があらわれて、彼を河内から探し出して、「東夷成敗」を頼んだとしているが、それ以前からのつながりであろう。笠置山合戦のときに、正成の拠る赤坂城も落ち、畿内に潜伏したが、次の年には紀伊にあらわれ、一三三三年（元弘三）正月ころから、河内・和泉あたりで六波羅軍と戦い、一進一退の戦いを繰り返すのである。

幕府軍の上洛

同じころ護良も大和・熊野あたりからしきりに令旨《りょうじ》（親王の命令書）を発して畿内の武士層に挙兵を呼びかけ、赤松一族をはじめとしてこれに呼応する者も多く、畿内は幕府にとって容易ならない状況になっていった。

もはや六波羅の軍勢では手に負えなくなっていた。幕府はこのような畿内の情勢に危機感を持ち、楠木正成・護良等を討つために再度大軍を派遣した。この合戦を「楠木合戦」と呼んでいる。幕府軍の主力となったのは、六波羅探題管轄の諸国武士が中心であったが、正成や護良の行動に幕府は強い危機感をもっていた。幕府はこの軍勢に五か条の「軍法」を示したのであるが、その中に、「護良は以前には捕縛せよと命じたが、今後は殺害せよ」と命じたり、「正成を誅殺したものには丹後国船井荘を与える」としていたりしていることに、その危機感が示されている。

幕府は河内、大和、紀伊の三方面から猛烈な攻撃を仕掛け、二月二七日に赤坂城を抜き、閏二月一日には吉野の護良を破った。しかし、護良は捕らわれることなく、高野山に走った。残った拠点は、正成の籠る千早城のみとなってしまった。しかし正成の抵抗は頑丈で、陥落しなかったし、また各地でゲリラ的な動きも目立った。そのうちに四国でも火の手が挙がり、騒然たる状況は最高潮に達していた。

後醍醐と足利高氏の連携

畿内の混乱した状況をみた後醍醐は閏二月二四日に、ひそかに隠岐を脱出し、伯耆《ほうき》の名和長年を頼り、船上山に立て籠って、隠岐守護佐々木氏の攻撃を退けた。後醍醐が頼みとした名和氏は、流通経済の太い動脈となっていた日本海を舞台に活躍する海の武士団であり、海民を統括したり、または海賊・悪党的行為もおこなっていた武士団であった。彼は後醍醐が隠岐にいる時から（あるいはそれ以前から）後醍醐と太いパイプをもっていたものと思われるし、後醍醐は隠岐から各地の有力武士層とも連絡を取り合っていたものとみられる。

船上山の後醍醐方の勝利は、全国に衝撃を与え、模様をながめていた武士が続々と馳せ参じてきて、後醍醐軍は膨れ上がっていった。三月に入ると、船上山から各地の武士に討幕の綸旨《りんじ》を発しはじめるのである。後醍醐方の播磨の赤松一族が六波羅軍を撃破して、京都近辺まで進軍してきたことにより、畿内の形勢は逆転した。このころになると、九州でも菊池氏等が鎮西探題を攻撃しはじめた。

幕府としてはもはや一刻の猶予もならなかった。名越高家、足利高氏を大将として、三月二七日、関東の大軍を進発させた。本拠地三河で一族郎党を従え、高氏が入京したのは四月一六日のことである。三河・上総両国の守護である足利高氏は、北条氏のために有力御家人が滅ぼされる中で、生き残った数少ない大豪族の一つであった。源氏の一族で、当時の意識からしたならば、血統上は得宗より数段勝る血筋であった。

高氏は三河から入洛するまでの間に、いずれの地かで使者を後醍醐のもとに遣わし、後醍醐と連携工作を始めているが、幕府への反逆の決意は鎌倉を出発するときには固まっていたと考えられる。

六波羅探題落ちる

六波羅に入った上洛軍は、軍勢を二分して、四月二七日に大手の大将名越高家は山陽道を進んで伯耆に向かい、搦手《からめて》の大将足利高氏は山陰道から伯耆に向かったのである。だが、山陽道を進軍しようとした名越軍は、鳥羽あたりで赤松軍と遭遇して、大将名越高家が戦死してしまい、六波羅に退却した。

一方、山陰道を進んだ高氏は自分の所領である丹波国篠村に入り、そこで反旗をひるがえし、結城宗広や島津貞兼等の有力領主層に密書を遣わして、各地の武士に軍勢催促状を発したのである。六波羅からみたならば、味方の大将の一人は倒れ、もう一人は裏切るというとんでもない事態になったのである。

六波羅探題の北条仲時、時益は光厳天皇、後伏見・花園上皇等を六波羅に迎え、籠城して、幕府軍が関東から再度上洛するまで何とか持ち堪《こた》えようとしたが、もはや無駄な抵抗であった。高氏軍、赤松軍、さらに後醍醐から派遣された千種忠顕軍等が市中に充満しており、五月七日に数刻の市街戦の後、六波羅軍は敗退した。このため、両探題は天皇、上皇等とともに、関東に下り再起を期することを決意して、その夜に六波羅を脱出した。

だが関東まで下向することは無理であった。敗残の六波羅軍を待ち受けていたのは野武士等であり、彼等と戦わなければならなかったがもはやその力はなかった。まず北条時益が四宮河原あたりで討たれ、さらに次の日には、脱落するものが増えて、出京のときには二千人いた軍勢は七百人ほどになってしまっていた。近江と美濃の境である番場峠まで逃れたが、東海地方にも敵が充満していることを知った北条仲時は、もはやこれまでと覚悟をきめ、蓮華寺の庭で、一族郎党とともに自害しはてた。その数は四百三十余人と伝えられている。

六波羅が落ちたことを知った後醍醐は、すぐさま光厳天皇を廃して、自らが再度即位し、年号も正慶となっていたのを元弘に復し、官位等もすべて光厳即位以前に戻してしまったのである。

殺戮と略奪

隠岐から脱出して六波羅探題が落ちるまでの間に、後醍醐にかかわる多くの史料が残されているが、その中でも興味深いのは、後醍醐軍がどのような方針・施策で戦っていたかという史料である。この史料は「後醍醐軍法」などと呼ばれている。幕府も「楠木合戦」のおりに、五か条の軍法を発しているが、合戦に勝利するためには烏合の衆では駄目で、軍士の統制と軍略等にもとづく強力な戦闘集団が必要であった。

この軍法は、六波羅探題が陥落する十日ほど以前に発せられたものであるが、この中に後醍醐が権力を握った以後の政策を示すものもある。

四月末に発せられた「官軍存じ知るべき条々」なる事書《ことがき》によれば、持明院統の上皇等に寛宥の扱いをすること、同統だけでなく摂関家以下の公家の存続と所領荘園の保全を命じ、旧来の支配秩序の枠組みを維持しようとしていることが第一である。さらに軍団の規律にかかわる条々が続いている。そして合戦現場における具体的方策の指示、すなわち敵方を捕縛したならば、即時殺害すること、「狼藉」をしたものの処分について、味方の手負い、死人に関して、「兵粮米」等の徴収についての指示がなされている。

五月に入ると、さらに三か条の軍法が告げられた。第一条は勲功賞にかんするものである。第二条は、諸氏にたいして後醍醐方への参加の呼びかけ、兵粮米の供出を求めたものである。第三条が興味をそそられる。京都市中において殺戮や略奪、放火等がいたるところで起こっていることについての指示である。権力が滅びる時は古今東西まったく同様な事態が起こる。まさに六波羅が陥落しようとするとき、京都市中において、軍勢による手当たり次第の乱暴狼藉、すなわち罪もない平民の殺戮、財産の強奪、放火等がいたるところでおこなわれていた。第三条では、このような行為を「獣心人面」（人の顔をしているが、獣のような心をもっている）の者のおこなうことだとして、きびしく禁止しているのである。

従来六波羅探題によって維持されてきた京都市中、近郊の治安が、六波羅の滅亡とともにまったく無秩序の状況になっていったのである。攻める側による、敵人追捕と称した殺戮や略奪、放火がいたるところで起こった。勝利しようとしている軍勢に、続々と「あぶれ者・野伏等」の「無法者集団」が流れ込んできたのもこのような状況に拍車をかけた。もちろん敗軍の方も略奪等をおこなったであろうが、治安・秩序が崩壊した洛中は無残であった。このような事態をみて、「軍法」を発したのである。乱暴狼藉を働いている集団に「義兵」を向けて、断固その「害」を除くとしているのである。しかしこのような無法狼藉はしばらく続いたのである。

畿内合戦の最終段階において、後醍醐は勝利した後の処置を見据えて、「軍法」において自軍の規律を確立するとともに、敵方に荷担していた公家、降参人にたいして寛宥の態度を示すことにより、新政権の安定化をはかろうとしていたものと考えられる。

鎌倉幕府の滅亡

鎌倉合戦

六波羅が落ちたころ、新田義貞が上野国で討幕の兵をあげた。五月八日のことであった。新田義貞は上野国新田荘を本拠地とする源氏の一族であったが、鎌倉時代は足利氏より家格が低く、一介の御家人として存在し続けてきたのであり、足利氏にたいするライバル意識も強かった。

新田軍は武蔵国分倍河原《ぶばいがわら》で得宗高時の弟泰家の軍勢を撃破して鎌倉に進軍してきた。鎌倉を囲んだころ、六波羅探題が落ち、探題以下が全滅したという知らせが届いた。もはや勝敗の帰趨《きすう》は明らかであった。高氏が鎌倉に残しておいた千寿王（後の義詮）も鎌倉から逃れ、軍勢を結集して同じく鎌倉に攻め込んできた。関東・奥羽の武士層が続々と討伐軍に参加してきたのである。

攻める側も防戦の側も、軍勢を三手に分け、三方で激戦を展開した。一手は極楽寺の切り通しで相まみえ、もう一手は巨福坂《こぶくろざか》で、さらに粧坂《けわいざか》でも激しい戦闘となった。幕府軍もよく防戦し、寄せては返す一進一退の激闘が続いた。だが一八日に最後の執権赤橋守時が洲崎で敗れて自害したのをはじめとして、この後、次第に鎌倉方の名だたる武将が討たれていった。二一日に攻撃軍は潮が引いた稲村ケ崎をまわって、鎌倉市中に雪崩を打って乱入してきた。猛烈な市街戦となったが、もはや防ぐ手だてはなかった。

葛西ケ谷の東勝寺に籠っていた高時、金沢貞顕、内管領長崎父子等の一族、御内人は、もはやこれまでと次々と自害していった。五月二二日のことであった。この時自害した人数は『太平記』によれば、北条一門二百八十三人、東勝寺で死去したもの八百七十余人、鎌倉中では六千人にのぼったという。

討幕の勢力

強大な軍事力を持っていた鎌倉幕府が百五十年におよぶ支配に終止符を打った。『太平記』は鎌倉幕府の滅亡を、「六十余州がことごとく、符を合わせたように同時に軍が起こり、わずかに四十三日で皆滅びてしまったのは、どのような因果であったのか不思議なことだ」と、驚きながら述べているのである。

鎌倉幕府は一瞬といってもいいほどの、非常にわずかな期間で滅び去ってしまったのであるが、これは幕府の支配にたいして不満が全国に充満していたからである。後醍醐天皇を核にして、北条一族や御内人等を除いて、あらゆる勢力が討幕に参加した。それらの勢力は互いに立場や利害を異にする同床異夢の集団であった。ただ討幕という点で後醍醐のもとに結集したのである。

まず大きな勢力としては、悪党層や非御家人層である。楠木・赤松・名和氏等を中心とする畿内の勢力であり、護良等の呼びかけによって強力な勢力となっていった。悪党層等はすでに述べたように、流通経済からあがる利害をめぐって、北条氏等と対立したり、徳政政策により被害にあい、弾き出された人々であり、また年貢不払いとして、悪党のレッテルをはられた人々である。さらには、鎌倉後半期に、霜月騒動や得宗の専制化の過程で没落させられたり、犠牲になった子孫も大きな期待をもって参加していた。

最後の段階で後醍醐軍に加わった勢力に足利や新田等の有力御家人層があった。彼等東国の御家人の多くは、元弘の乱、「楠木合戦」に従軍して帰国した武士も多数存在していたが、北条氏や御内人の専制に不満を募らせている者も多かったし、第一、社会の激変により、足下の自らの所領の中がきわめて不安定な状況になってきていた。経済の発展や農民の台頭、庶子の自立化により、全国に散在して、職によって支配していた所領が、一円的な所領支配（職によらない、主従関係を中心とした支配）に変化していき、遠隔地の所領は鎌倉にいる惣領の手から離れて、武士団そのものも変化してきていた。もちろん徳政政策にも不安を感じていた。このような武士層の中に、討幕を命じる大塔宮《おうとうのみや》（護良）の令旨や後醍醐の綸旨が矢継ぎ早にもたらされたのである。時勢を拱手傍観《きょうしゅぼうかん》している猶予はなかった。燎原の炎のごとく反幕府側になびいていった。六波羅探題が落ちる直前のころのことである。

さらに後醍醐が頼りにしたのは、延暦寺等の有力寺社の僧兵であった。従来から畿内近辺に大きな経済権益をもっていた大寺社の僧の中には悪党とみなされる者も多くなっていったが、それは瀬戸内等の商品流通の利益をめぐって、得宗・御内人との対立の中から出てきたものであり、有力寺社が討幕に荷担していくのは必然であった。また、天皇家領内部の武士層も討幕勢力であったことはいうまでもない。

鎌倉後半期から数十年にわたって社会のいたるところから吹き出した変革のエネルギーは、政治的には鎌倉幕府を滅亡させ、新しい権力を形成させるということで一旦は決着したかにみえたが、しかし政治的にも社会的にも安定した状況を迎えるためには、まだ長い年月が必要であった。同床異夢の討幕勢力が、相互に分裂しながら対立していくのは時間の問題であった。しかし、一旦は「公武統一」政権を樹立させるのである。それが建武政権と呼ばれる「特異」な政権であった。

第三章　建武政権の一年

後醍醐の帰京

高氏と護良の立場

一三三三年（元弘三）六月五日に、勇躍して後醍醐は京都に帰還してきた。後醍醐は幕府によって、光厳に位を無理やりに譲らされたあと、隠岐に流されていたのであるが、帰還後、彼は譲位していない建て前をつらぬき、すべての状況を後醍醐が配流される以前のままにしたのである。一年九か月にわたる旅行から帰京したということであった。

だが、京都近辺ではかなり深刻な事態が進行していた。足利高氏と護良親王の主導権争い、抗争がはじまっていたのである。高氏は六波羅探題を陥落させ、京都を奪還した第一の殊勲者であった。彼は鎌倉幕府に反旗をひるがえしたあと、各地に軍勢催促状を発して武門の最有力者の地位を築きつつあり、京都を占領すると、六波羅に陣取り、旧六波羅探題配下の武士たちを麾下《きか》に吸収して、「奉行所」を開き、京都市中の支配権を完全に掌握していた。

高氏は野心もあったであろうが、市中でにらみを利かせなければならない理由も存在していた。その理由は、六波羅探題が滅んだあと、前述したように、殺戮や略奪、放火等がいたる所でなされて、「獣心人面」の連中が手当たり次第の濫妨狼藉をはたらいていたからである。だから洛中の治安を何とか維持しなければならなかった。「後醍醐軍法」に従って高氏は行動していたともいえる。

高氏軍が市中の治安を維持するとともに、上洛してくる武士層を吸収していったのである。このためライバル護良の軍勢を圧倒して、護良の洛中の影響力は凋落《ちょうらく》してしまったのである。護良は面白くなかったし、高氏の行動を強く警戒した。そこで、奈良の北西生駒山地の南部信貴山に立て籠り、京都の高氏に対峙し、京都には入ってこなかったのであった。

後醍醐が京都に帰還してくると、旧政権が滅亡したことにより、内外の混乱は頂点に達していた。足利高氏が旧六波羅探題の奉行人層を膝下《しっか》に吸収して奉行所を開設して治安維持等にあたっていたが、とても短期間で治まるような混乱ではなかった。まず、後醍醐は政治の安定化と治安の維持を第一の課題とし、戦乱における無秩序をいかに終息させるかという点に時間を費やしたのである。そのため、新政権の骨格や新しい政策を打ち出すには少し時間が必要であった。

当面の最大の問題は、護良と高氏の対立状況を解消することであった。後醍醐は入洛してくると、最初にこの両者の関係を何とかしなければならなかった。高氏にたいしては、内昇殿《うちのしょうでん》を許すとともに、鎮守府将軍・左兵衛督《さひょうえのかみ》に任じ、弟直義を左馬頭《さまのかみ》とした。一方、護良にたいしては、『太平記』によれば、使者を送り、すみやかに帰京して、比叡山に戻ることをすすめたが、護良はこれを拒否しただけでなく、高氏の幕府再興の野望を強調し、征夷大将軍のポストを要求して、さらに高氏討伐の兵を起こそうとしたという。

これより以前、六波羅探題が滅亡したころから、護良は「将軍」として振る舞いはじめていた。自らを「宮将軍」と称しているのである。彼も幕府再興という野望があったものと考えられる。護良の意向を知った後醍醐は当面の矛盾回避のために、征夷大将軍の地位を与えざるをえなかった。ここにようやく六月一三日に護良は京都に入ってくるのである。この親子の意識の違いが、のちに護良の「悲劇」をもたらすことになる。専制的な王権の確立をめざす後醍醐にとって、征夷大将軍のようなポストは否定しなければならないものであった。そのため、この地位を追われるのは必定であった。

征夷大将軍に補任された護良の入京を『増鏡』は、「護良親王は、たいへん清らかな男で、唐の赤地の錦の鎧《よろい》、直垂《ひたたれ》を着て、馬に乗って京に入ってきたが、供のものはそらおそろしいほどの武士どもがまわりを固めており、天皇の行幸にも劣らないほどであった」と記述しているのである。得意の絶頂であった。

動乱終息宣言

護良が後醍醐に帰順した二日後に、後醍醐は元弘動乱が終息したという宣言を発した。その宣言は次のようなものである。

元弘参年六月十五日宣旨、近日凶悪の輩、綷《こと》を兵革に寄せて濫妨し、民庶愁ひ多し。ここに軍旅すでに平ぎ、聖化あまねく及ぶ。自今以後、綸旨を帯せざれば、自由の妨を致すなかれ。もし法令に違犯する族あらば、国司および守護人ら勅断をまたず、その身を召し捕り、よろしく奏聞を経べし。

この法令は従来から「個別所領安堵法」あるいは「旧領回復令」と呼ばれているものである。しかし、この法令は、所領の安堵のみにかんするものではなかった。この法令の内容を要約すれば、「近日凶悪な連中が、戦乱を理由にして濫妨狼藉を働いており、人々は多大な迷惑をこうむっている。すでに戦闘は終わり、天皇も帰京して、その威光は全国に及んでいる。これから以後は綸旨を持っていなければ、自由・勝手な行動をしてはならない。もしこの命令に違犯するものがいたならば、国司や守護等が天皇の命令を待たずに、その身を召し捕り、そのあとに天皇に言ってきなさい」というようなことであった。

この宣言と関係があるのが、四月末と五月初旬に発せられた「後醍醐軍法」である。四月のものには、「路次狼藉」をおこなったならば即座に殺害せよとか、上皇の御所の近辺で濫妨狼藉したならば、重科に処しなさいとしているが、五月の「軍法」になると、すでに述べたように、洛中における殺戮、略奪、放火等の「獣心人面」行為を厳しく禁じている。六波羅探題が落ちた以後、後醍醐が帰還しても当然このような無秩序な状況が続いていたものと考えられる。このような洛中や畿内近国の状況をみて、横行しているこれらの行為を厳禁したのである。四月軍法、五月軍法、この六月宣旨は一連の流れの中にあるものであった。

さらにもう一点、明示はしていないが隠された意図が含まれていると推測する学者もいる。「宮将軍」として振る舞い、中小国人層や悪党を組織して討幕に大きな役割を果たした護良によって、動乱中に乱発された令旨が数多く存在している。その令旨は所領を安堵したり、宛行《あてがい》（所領を与えること）をするとするものであり、後醍醐からみれば自己の権限、すなわち王権に抵触するものであった。そこで、後醍醐の綸旨を持っていなければすべて駄目であると宣して、この護良の令旨の無効をも宣言したのが、この宣旨のもう一つの意図であったとするものである。いずれにしても後醍醐はここに「天下掌握」宣言をしたのであった。

六月段階の問題

護良が入洛に応じ、高氏と護良の抗争の危機が回避された直後に、「天下掌握」の宣旨を発して、王として君臨することを天下に宣言したのであるが、六月一五日頃にもう一つ注目すべきことを後醍醐はおこなっている。それは、地方の一部の有力寺社を中央の本所から切り離して、後醍醐の王権のもとに置こうとしたことである。たとえば宇佐八幡宮をみると、「向後は本所の号を止められ、聖断（天皇の決定）たるべし。はたまた牢籠の惣神領をことごとく返し付けらるるところなり」との綸旨が一五日に、宇佐宮宛に出されているのである。中央の有力権門との間に結ばれていた本家や領家の関係、すなわち荘園制的な支配関係を断ち切り、彼らを王権のもとに収斂することにより、専制王権を確立しようとしたともいえる。これも「天下掌握」宣言の一つで、後醍醐は寺社をも完全に自らの膝下におさめることを宣言したのであった。さらに、地方支配の梃子に地方の有力寺社を使おうと考えていたのであったともいわれている。

しかし、後醍醐が六月段階で主としておこなったのは、自分の手足となって働くであろう朝廷内部の主要な役職担当者の大幅な入れ替えであり、動揺している公家・寺社勢力への対応で、それぞれ従来から所持していた荘園等を安堵するとともに、かつて自らが属していた勢力の安定化をはかっているのである。

この時期にもっとも腐心したのは、解体している権力機構を、どのように造り上げていくかということであった。そこでまず、後醍醐は親政時代の支配機関の中心であった記録所を再興して、それを拠点として政治をおこなおうとした。この記録所に腹心の側近を配置して、重要な訴訟等にあたらせようとしたものである。『梅松論《ばいしょうろん》』には、「大議においては、記録所において裁許あり」と記述されている。

六月二〇日には「政所始《まんどころはじめ》」をおこない、いよいよ本格的な政治運営をおこないはじめた。そして全国に発した命令の多くは綸旨（天皇の意志を示す文書）という文書でなされた。権力機構が機能していなかったので、綸旨しか国家意思を示すものがなかったのである。

夏から秋へ

所領安堵の方針

六月末から七月になると、地方から上洛してきた軍勢が京都市中にあふれるようになってきた。なぜこのような事態になったかといえば、足利高氏が諸国に発した軍勢催促状が効力を発揮しはじめたことも大きな理由であるが、新田義貞等のように恩賞を求めて入洛してきたものもあったからである。また、新政権が成立したことにより、旧政権によって与えられていた自己の所領の安堵を得るために、続々と武士層が上洛して来たり、あるいは、旧幕府によって没収された所領を回復しようとして入京してくるものもかなり多くみられた。

後醍醐としては、このような武士層に対応せざるをえなくなり、七月初旬より、諸国武士にたいして所領安堵や宛行等について綸旨を発しはじめた。多くの武士は、元弘の動乱の中で失ったり、得たりした所領の安堵を求めて上洛してきたが、そのような武士の中には六、七代も前に没収された祖先の本領を取り返そうとして上洛してきた武士もいたという。有名な「二条河原落書」に「本領はなるる訴訟人、文書入たる細葛《ほそつづら》（小さな籠）」といっているのがその状況である。そこで後醍醐としては、所領問題に明確な方針を示さざるをえなくなり、七月末に「諸国平均安堵法」と呼ばれる法令を諸国に発布することとなった。以下がその法令である。

左弁官下す　陸奥国

まさに士卒民庶をして、当知行の地、依違あるべからざらしむべきの事

右、大納言藤原朝臣宣房宣す。勅を奉はるに、兵革の後、士卒民庶いまだ安堵せず。よって糸綸を降して牢籠を救はる。しかるに万機こと繁く、施行に煩ひあり。しかのみならず、諸国の輩、遠近を論ぜずことごとくもって京上し、いたずらに農業を妨ぐるの条、かえりて撫民の義に背く。自今以後、この法をさしおかるるところなり。しからば高時法師の党類以下朝敵与同の輩を除くのほか、当時知行の地、依違あるべからざるの由、よろしく五畿七道諸国に仰すべし。あえて違失するなかれ。ただし臨時の勅断においては、この限りにあらず。てへれば国よろしく承知し、宣によりてこれを行へ。

元弘三年七月廿五日　　大史小槻宿禰（花押）

少弁藤原朝臣（花押）

この法令は、「当知行の地、依違あるべからざらしむべきの事」でわかるとおり、朝敵を北条一族とその与党と限定して、他は当知行地の安堵を布告し、「士卒民庶」＝一般の人々（武士が含まれる）の不安を取り除き、政権の安定化をはかったものである。そしてその当知行安堵は地方の国衙がおこなえと命令したのである。

後醍醐は、所領安堵と新恩宛行の両方針をもって軍勢を結集していた。問題は所領安堵の中に、「本領安堵」と「当知行安堵」という二つの安堵があったことである。同じようなものではないかと考えられるかもしれないが、根本的な違いがあった。「本領安堵」は、かつて所領であった土地（本領とは本来の所領のことで、この所領には「本主権」という権利があった）を返却してもらうことであり、失った所領を回復する「旧領回復」のことであった。「当知行安堵」はかつてのいきさつはともかく、現在知行している土地を安堵することである。

後醍醐が選択した所領安堵は当知行安堵であった。続々上洛してくる武士にたいして、当知行安堵の方針を示して、武士層の動揺を押さえ、中央の記録所で訴訟の裁決や安堵をおこなうだけでなく、安堵権を地方国衙にも与えて、武士層の上洛を阻止しようとしたものといえる。ただ、この国衙をして当知行地を安堵するという方針も、「臨時の天皇の命令」はこの限りではないという但し書をつけ、所領安堵の最終決定権者は後醍醐であることを明示しているのである。

建武政権はこの法令を発布したことにより、本格的な所領政策を持った政権として活動しはじめる。これ以後天皇専制（独裁）権力の確立のために動きだし、まったく新しいタイプの権力が樹立されていくのである。

恩賞の沙汰と国司制度

七月下旬から八月に入ると、いよいよ新政権の樹立に功績があった諸氏にたいして恩賞が与えられはじめた。『太平記』によれば、「八月三日より、軍勢恩賞の沙汰あるべしとて、洞院左衛門督実世卿を上卿《しょうけい》に定めらる」とあり、いよいよ審議が始まったと書かれているが、恩賞の沙汰は「諸国平均安堵法」が発布されたころから始まっていた。

七月下旬ごろに、討幕に最大の功があった高氏一党に各地の守護職が与えられたが、八月五日に高氏を「尊氏」に改名させ（この改名は後醍醐の名である尊治の一字を与えたもの）、従三位に昇任させ、武蔵守に任じた。同時に北畠顕家を陸奥守となす決定がなされた。

後醍醐にとって地方を完全に掌握することが政権安定のための柱であった。そのため地方に腹心の実力者を配置して、地方政治をおこなわせようとした。「諸国平均安堵法」等を発して、地方の国衙に大幅な権限を委譲するとともに、国衙を地方行政機関として、後醍醐のコントロールのもとに置こうとしていた（国司や国衙機構については後でふれる）。後醍醐は国衙を重視して、上流公卿や武門の有力者を次々と国司に任命していった。

八月五日の補任に限らずに、建武政権の存続していた期間をとおしてみてみると、たとえば、新田義貞には上野と播磨、足利直義は相模、楠木正成には摂津・河内、名和長年には因幡・伯耆、葉室《はむろ》光顕に出羽、護良に紀伊、万里小路宣房は長門にというように、かなりの有力者を諸国の国司に任命しているのである。

問題は彼らが地方に赴任して政務をとるかどうかということである。国司が赴任せずに京都にいて収益だけ獲得していたならば、旧態依然たる状況であり、なんらの変化もない。本来は国司は地方に派遣されて地方政治にあたらなければならなかったが、地方に赴任しない遥任《ようにん》国司や、上級貴族が一族や近臣を名義上の国司にして自分が実収益を得る知行国《ちぎょうこく》制度が生まれ、このような制度が一般的となっていた。後醍醐はこのような変形した国司制度の変更を試み、顕家の陸奥への下向を求めた。また出羽守葉室光顕等も現地に下っていった。

北畠顕家は辞退したのであるが、後醍醐の強い要請により陸奥守として現地に下ることになった。また、尊氏も武蔵守として関東に下向する予定であったが、変更となり、弟の直義が相模守として鎌倉に下っていった。

中央機構の整備

旧政権が倒れたことにより、膨大な訴訟等が後醍醐のもとに押し寄せてきた。地方から続々と武士層等が上洛してきたことにより、記録所のみで政務を決裁していくことは無理であったし、また功績のあった武士層を中央権力機構のしかるべきポストに任命する必要もあった。従来からある王朝側の機構では適当なポストが少なく、武士層を吸収できなかった。そこで後醍醐はまったく新しい権力機構を次々に樹立していくのである。

もっとも有名な機関が雑訴決断所《ざっそけつだんじょ》の創設である。この機関が設置されたのは八月中旬から、遅くとも九月上旬までのことであるといわれている。七月に「諸国平均安堵法」を発布した後、ほぼ一か月の検討を重ねた結果、中央の司法制度の欠陥を補う機関として設置されたのである。

「雑訴」とは鎌倉時代の朝廷訴訟制度の「雑訴沙汰」の系譜を引くものであり、前代の制度を取り入れながら、新政権の中軸機関としようとしたのである。その内容は、四番で構成されており、一番は畿内・東海道を担当、二番は東山道・北陸道を担当、三番は山陰道・山陽道の担当、四番は南海道・西海道の担当というように、地域ごとに担当が区分された四部局の構成であった。

それぞれの部局は、裁判長の頭人《とうにん》、合議する官人として六人程度の寄人《よりうど》、審議官である九人の奉《ぶ》行人《ぎょうにん》によって構成されていた。上流公家が頭人のポストを占めており、寄人は中流・下流公家（王朝側の法曹官人）が多く、奉行人は武士層が中心であった。武士層の多くは旧幕府の引付（訴訟機関）職員であった。ここにみられるように、公家と武士との「公武統一」の構成であったが、主要ポストは公家であった。それでも後醍醐は武士層を権力の中に組み込んだのであった。

軍事・警察機構も順次整備されていった。前代からの検非違使庁は市中の警察機関としてそのまま存続していたが、その他に武者所《むしゃどころ》、窪所《くぼどころ》の両機関が置かれた。いつこの機関が設置されたか不明であるが、雑訴決断所が置かれたころと同時期とみて誤りないであろう。武者所は六部局構成であったとみなされており、新田一族が頭人をつとめている、天皇直属の親衛軍であった。窪所の実態は不明であるが、朝廷内外の警護を任務としていたと思われる。

しかし、八月から九月にかけて廃止された制度もある。天皇が専制的に政治運営をするうえで邪魔になるものである。すでに帰京以前の五月一七日に関白鷹司冬教以下を解任する書を伯耆から京に送っていたので、関白や摂関は存在していなかった。だが、征夷大将軍はいた。護良親王である。後醍醐は護良からこの地位を取り上げて廃止してしまう。護良の解任の決定は八月二二日から九月二日にかけてのこととされており、護良はわずか三か月程の将軍であった。

征夷大将軍と密接な関係があるのは御家人制度である。御家人制度は鎌倉幕府が人々を支配するうえで重要な役割を演じた制度であり、一部の武士を御家人に組織して、経済的・法的な特権を与えた。御家人は将軍と主従関係を結んで強固な人格的関係を築いて、武力をもって人々を支配したのである。このような特権的な御家人制度、御家人と非御家人というような武士を区分する制度は後醍醐にとって不要であった。御家人制度を廃止した時期は明らかでないが、この年の夏から秋にかけてのことであろうといわれている。あるいは護良を征夷大将軍から解任した時に、同時に御家人制度を廃止したのかもしれない。

七月下旬から九月上旬にかけては、新政権の成立の上で大きな節目であった。次第に新政権の中央・地方の骨格が固まり、政策も確立していった。雑訴決断所の命令書である牒《ちょう》が発せられはじめたのは十月初旬であった。また北畠顕家が後醍醐の子義良《のりよし》親王とともに、足利直義も同じく成良《なりよし》親王とともに秋から冬にかけて、奥羽や東国に下向していった。いよいよ全国を本格的に統治しはじめたのである。

建武と改元

一三三三年（元弘三）が暮れ、新春となった。後醍醐にとって何事も順調にいっているように思われた。だが懸案が一つ存在していた。帰還の折に、前政権がおこなったことをすべて否定していたが、その中で、鎌倉幕府が決めた東宮（皇太子）も当然廃止された。そこで後醍醐は東宮を擁立しなければならなかったが、これまでこの問題に決着がつけられていなかった。この問題を早急に処理し、後継者を決定しなければならなかった。

後醍醐が討幕に立ち上がった理由の一つに、自分の子孫を皇位につけたいとする野望があったことから、当然自分の子息から選ぶこととなった。後醍醐は前述した護良・成良・義良以下男女合わせて三六人の子供をもうけていたといわれているが、その中で、後醍醐の「お眼鏡」にかなったのは、十一歳の恒良《つねよし》親王であった。正月二三日に立太子の儀式がおこなわれて皇位継承者が決定した。母親は阿野廉子《あのれんし》という後醍醐のもっとも寵愛する女性であり、顕家とともに奥羽に下った義良、直義と鎌倉に下向した成良も彼女の所生であった。廉子は後醍醐にもっとも影響力がある女性であったといわれている。

さらにその一週間後に改元がなされた。すなわち元弘から建武に変えたのである。年号は天皇が時間と空間を支配する呪術的シンボルであり、天皇が国家を支配していることを示す象徴で、天皇の絶対的な権威をあらわすものであった。改元には祥瑞《しょうずい》改元（よい事が起こった時の改元）、災異改元（災いが起こった時に、それを避けるための改元）、即位改元・代変わり改元等が存在していたが、建武改元は即位改元の意識に近かった。すなわち後醍醐は鎌倉幕府を倒し、自分が王権を握ったことを示す年号を選び、改めて天下に王権掌握の宣言をしたのである。

建武という年号は、中国の古代に後漢王朝をたてた光武帝が、王莽《おうもう》を倒して王朝を簒奪《さんだつ》した時に採用した年号である。中国で使用した年号に改元したり、「武」という、当時は不吉とみられていた文字が入った年号は異例であり、反対者も多かった。だが後醍醐は先例と伝統を無視して建武に改元した。それだけ権力掌握に自信をもっていたのである。しかし、自信は過信となっていく。

権威を求めて

皇位継承者を決定し、強い反対を押し切って、「建武」と改元した後醍醐は、さらに天下にその威厳を示そうとする。古今東西において、威厳は何によって示そうとするかといえば、壮大な建築物によって誇示しようとするのが普通である。後醍醐も例外ではなかった。大内裏《だいだいり》の造営を発議したのである。

大内裏は天皇の日常生活・執務の場所と公家や官人が集い朝儀をおこなう建造物等からなっており、

これも中国における王朝の官庁構造の様式をまねした壮大なものであった。だが、大内裏は平安時代の中ごろに焼け、その後にも火災に遭い、天皇は次第に大内裏に居住せずに、里内裏《さとだいり》と呼ばれる仮の内裏（妻の実家である外戚《がいせき》等の邸宅）に滞在するようになっていった。とりわけ、鎌倉初期の一二一九年（承久元）に大内裏が焼失してからは、大内裏は再建されていなかった。鎌倉中期以後の両統迭立時代には、大覚寺統、持明院統がそれぞれ分かれて里内裏を持っていたが、鎌倉末期に富小路殿に里内裏が造られ、両統がこの内裏をともに使用していた。後醍醐もここを内裏としていたのである。

だが後醍醐は、「仮の宿」ともみなされる里内裏で政務をおこなうことはきわめて不満であった。『太平記』によれば、この件が発議されたのは建武元年正月のことであり、造営費用は安芸《あき》と周防《すおう》の国衙領からあがる収益をあてるとともに、全国の地頭・御家人から年貢の二〇分の一を徴収することにしたとしている。しかし、この大内裏造営計画は実行されなかった。実行されなかっただけでなく、諸国地頭・御家人への増税をおこなおうとしたことにより、彼らに大きな不信感を残してしまったのである。

後醍醐はもう一つ注目すべきことをおこなった。それは貨幣鋳造である。春も終わろうとする三月二八日に「改銭の事」とする天皇の詔書《しょうしょ》（命令書）が発せられた。その内容は中国各王朝の貨幣鋳造の歴史を論じ、日本古代の貨幣制度に言及し、その鋳造が絶えたことを問題にしたのちに、「近来におよんで、銭を外国に求めて、民間に通用させることは大法や政令に反することである。だから旧貨幣（外国の銭）を排除するために新しい貨幣を造り、全国に流通させて世を救い、民の便利さに役立つようにしようと思う。この貨幣は銅と紙の両方を用いて造り、乾坤通宝《けんこんつうほう》と名付けよう」と述べているのである。

古代において「皇朝十二銭」と呼ばれる銅銭が造られたことは、よく知られているところであり、最近も日本最古の銭であるとされている「富本銭《ふほんせん》」が発見されて話題となっているが、一〇世紀の半ばを最後として、日本では貨幣の鋳造はなされなくなっていた。古代において、貨幣鋳造権は天皇の大権とされていたことにより、この貨幣の鋳造も天皇の権威を高めるためになされたものとされている。事実、この命令書の最後に「天皇の意向を告げ知らせ、天の正しい道理を拝するように、おこなえ」としているのである。

だが鋳造しようとした理由はこれだけではなかった。すでに第一章で指摘したように東アジア世界の交易の発展は目を見張るものがあり、日本もその中に組み込まれ、膨大な物資や銅銭が流入してきていた。日本の各地に、とくに沿岸地帯に都市が発達して、商人や流通・交易に携わる人々が爆発的に増えていった。彼ら商工業にかかわる人々は業種別に座《ざ》と呼ばれる組織を作り、結合を強め、さらに有力寺社等の権門の下に属して活動していた。このような商工業・流通経済を押さえ、商人層を統制し、権門とのつながりを断ち切ることが新政権の権力強化になると後醍醐は考え、この問題でつまずくと前政権のように滅亡の危機に瀕するとする危機感を持ったのである。そのためになそうとしたことは、流通の根幹をなしている「銭」を統制しようとしたのである。自らが貨幣を発行し・掌握して流通経済を統制して、天皇専制の梃子としようとしたのである。しかし、この政策が実行されたかどうかは疑問が持たれている。

後醍醐は自らの権力強化のために、寺社等の有力権門対策としてもう一つの手をうった。それは諸国の一宮・二宮を大寺社や有力公家等の支配から解放し、天皇の直接支配下に入れたことである。建武元年五月七日に発布された法令によって、大寺社や公家が持っていた本家・領家職が停止されて、その拘束から地方の寺社を解放し、天皇の直接支配に組織したとされている。すでに述べたように天皇が隠岐から帰還した直後に九州の一部の神社（宇佐八幡宮）で実行されていたが、ここに全国的な政策として提起されたものである。これは後醍醐天皇の権威を高め、専制王権の確立をめざした施策の一つであったとされている。

建武政権の徳政

鎌倉幕府が倒れた理由の一つは流通経済に対応した政策の失敗、すなわち徳政政策が膨大な悪党層を生み、御家人等の不信を買い、寺社や公家層を討幕に駆り立てていったことによるのであるが、建武政権は社会の内部で強く存在しているこの徳政（「元に返る」という意識）待望にたいしてどのように対応したのであろうか。

後醍醐もこの件をまったく無視することはできなかった。鎌倉幕府が滅亡したほぼ一年後の建武元年五月三日、検非違使庁から諸国に徳政令が発せられた。しかしこの徳政令は難解であることで有名である。下総の香取神宮の神官の家に伝わった写しの文書の中にこの法令がみえており、この法文は発せられてほぼ三か月後の八月一五日に香取社領にもたらされたものである。香取社領内でも土地売買をめぐってこれまでも争いが続いていた。そこにこの徳政令の条文がもたらされたのである。難解なのは、その後に何回も転写された文書と考えられるので、誤写や脱字等があるかもしれないし、意図的な改作がなされているかもしれないことによると思われる。現在ではこの点についてては何ともいえないが、残されている法令の要点を通説の解釈で示せば、次のようなものである。

（一）負物《ふもつ》（借銭・借物）、本物返《ほんもつがえし》（売買価格と同じ銭を一定期間内に返却すれば、土地を取り戻すことができる売買）、質券（質物）の田畠は各国において処理し、特別なことがあったら中央に注進すること。（二）負物・本銭（本物）返・質券沽却《しちけんこきゃく》・年紀沽却《ねんきこきゃく》（期間を限っての売買）は、決算してみて、買い主の利益が売った価格の倍を超えていれば、田畑を取り返すことができるだけでなく、超過した分を取り返すことができること、ただし質券沽却地・年紀沽却地については、なおなんらかの理由によって、買い主が得分《とくぶん》（利益）を得なかったとしても、一〇年すぎれば、権利を失い、取り返すことができること。（三）沽却地（売買地）については、承久以来の沽却地は、鎌倉幕府の買地安堵状《かいちあんどじょう》を持っていても無効であること、買い主が滅亡してしまっていれば、売り主に所有権があること、買い主、売り主の両者が後醍醐方に参じていたならば、状況をみて安堵すること、ただし、元弘以後のものは売り主の進退に属すること。

この中でとくに注目されるのが、(二) の内容である。鎌倉幕府がおこなった徳政のような無償で取り返すことができる規定ではなく、買い主に一定の権利を保証して、元金分程度の利益を得させているのである。またなんらかの理由で一〇年間の間に利益を得ていなかったら、これは買い主が悪いのだから取り返すことができるというものである。(三) は旧政権の行為を否定する政策であった。

建武政権の徳政は買い主にも利益を保証した。しかし、その期間は一〇年に限るというきわめて現実的な政策であったということができよう。だが、現実にこの法令が下総にもたらされると、鎌倉幕府が発した永仁の徳政令と同様なものとみなされて混乱は続いたのである。

後醍醐も収奪の基礎となっている荘園公領制が、所領の流動化で大きく変動して、解体しつつあったことは理解していたので、これにたいして手を打たなければならなかった。しかし、旧政権がおこなったような露骨な徳政政策が不可能であることも知っていた。

後醍醐のめざした権力

鎌倉幕府が倒壊して、京都に帰還した後醍醐を待っていたのは、旧来の秩序が解体した混乱であった。そのため後醍醐が権力を確立する道は平坦ではなかった。強い意志と国家を支配していく鮮やかな見取り図が必要であった。意志は強いものがあったことはいうまでもない。問題は、後醍醐はどのように国家を支配し、政治を運営していくかという理念、どのような理想を持っていたかという点である。

後醍醐は延喜《えんぎ》・天暦《てんりゃく》時代を理想とし、おこなった政治も古色蒼然《こしょくそうぜん》としたものであったとの評価が一部でなされている。後醍醐が延喜・天暦時代に郷愁を持っていたことは事実であろう。だが彼はリアルな現実主義者でもあった。延喜・天暦時代のような政治運営はできないことは、溢《あふ》れる武士層の処遇一つを取り上げても無理であることはよく理解していた。「王政復古の大理想をかかげ」などというスローガンは近代の皇国史観のもたらしたものである。後醍醐は「朕《ちん》の新儀《しんぎ》は未来の先例」と言ったというが、これの方が事実に即しているであろう。「自分がおこなう慣例に反する行為は、未来においては先例となるであろう」というのであり、新しい事をおこなうという「新儀」という語句は当時もっとも忌み嫌われる言葉であったが、従来の朝廷政治のルールから逸脱した政治をおこなうという強い決意がここに示されているのである。後醍醐は従来の政治や権力のあり方を超越した権力形態をめざしていたのである。封建王政ともいうべきものであった。権力を王権に集中することにより、荘園制的な支配秩序の再構築をはかろうとしたのである。

土地政策の方向性は、室町時代には一般化する所領の「一円化」（所領を一か所に集中して領主が支配すること）政策を推進する以外にはなかったであろうと思われる。所領が分散しつつある地方の有力寺社を本所の支配からときはなして、王権の下に置いたのもそのあらわれの一つである。しかし、新しい土地政策を確立させるためには、建武政権が存続した期間はあまりにも短すぎた。なお封建王政の問題は「終章」で述べる。

後醍醐の政治は「綸旨万能《りんじばんのう》」（綸旨ですべて決定）であったとも指摘されている。すなわち、後醍醐はすべて独裁的に自分で政治をおこなおうとしたが、それが失敗して雑訴決断所等の権力機構を造らなければならなかったというのである。この点も疑問がある。すでに述べたように、後醍醐は帰還後次第に権力機構を整備していったのであり、一応の目安をつけるのに一年かけたといえよう。

そして、建武元年春ごろより、至高の王権を求めて、専制権力確立のために動きだしたのである。

第四章　新政権の中央と地方

討幕一年後の状況

狼藉は続く

後醍醐は一三三三年（元弘三）に政権の基礎固めをし、次の年の一三三四年（建武元）は自信をもって新年を迎えたと述べたが、この自信は過信となり、この年は次第に王権の専制化を強めていく。そしてこのことが建武政権の崩壊につながっていくのである。

ところで、中央・地方の状況はどのようになっていたのであろうか。後醍醐が天下を掌握したことにより、京都に帰還直後に「凶悪の輩の濫妨《らんぼう》停止」の命令を発し、旧政権が倒壊した後の社会の混乱を鎮めようとしたのであるが、その後の状況はどのようになっていったのであろうか。後醍醐の思惑どおりに支配が進んでいたのであろうか。また武士層を掌握できていたのであろうか。

一三三四年（建武元）四月より少し前に発布されたと推定される「諸国・諸荘園の狼藉《ろうぜき》、国司・守護注進の事」とする法令が存在している。そこには、狼藉人（所領を横領しているもの）は諸国の国司や守護の注進にもとづいて、雑訴決断所で評定し、天皇の命により、使節等を派遣して厳密に沙汰するとあり、殺傷をおこなったような悪党人は、断罪するとしているのである。また国司・守護が偽りの注進をしたり、職務怠慢の場合は、任務から追放すると述べている。所領横領等が続き、国司や守護の統治にも問題がありそうなことを示しているのである。

徳政の法文を伝えた下総国香取社の神官家の文書の中にも、次のような史料が伝わっている。「諸国の狼藉を停止すべきの事」と題するもので、諸国狼藉人の濫妨停止の法令を伝えており、前述した徳政令の条文の後に載せられており、一三三四年（建武元）の夏から秋ごろのものと推定される史料である。その内容は「諸国の事は、国司や守護等に任せられているので、治国のことをよく考えて、政治をおこなうべきであるが、凶悪の連中がいまだ絶えず、国司や守護による治安維持が規定のとおりにおこなわれていない。誠にその責任は重く、のがれられないところである。収穫の時期にいたり、人々はいまだ安心していない。合戦・濫妨・刈田《かりた》・盗賊の類の噂があったならば、隣の荘の地頭等は荘官・名主・百姓等を率いて、国司・守護の催促を待たずに、すぐにその場所に向かい、濫妨の輩を召し捕りなさい。また悪党が逃げてしまっても、かくまっているところを探し出して注進しなさい。もし、地頭等がこの法に違犯して、濫妨を鎮めなかったら、所領の五分の一を召し上げる……」というような命令であった。

この両史料によれば、一三三四年（建武元）になっても狼藉行為が一向におさまっていなかったことを示している。中央は狼藉人等の討伐に躍起となっており、現地での取締の強化、彼等に手を貸す連中を厳罰に処することを求め、さらに中央へ注進することを厳命しているのである。そもそも注進するということは現地では手に負えなくなったから中央に注進するのであるが、新政府は国司や守護の注進にもとづいて、使節等を下して狼藉・悪党人を押さえようとしたのである。だがこのような処置では鎮圧できるはずがないことは、鎌倉幕府が同じようなことをおこなったことより明らかである。そこで、合戦や濫妨等の噂があったならば、国司や守護の催促を待たずに、隣荘の地頭や名主等が出向いて狼藉人を捕らえよと命じているのである。しかしこれで効果があったかどうかはきわめて疑問である。建武政権下においても、鎌倉末期に近い状況が続いているだけでなく、新政権成立期の混乱に乗じて、さらに悪党・狼藉人がふくれあがっているようにみられる。

綸旨の変更

このような状況を何とかしなければならなかった。所領横領や悪党的行為、凶悪行為に厳しく対処しなければならず、権力機構の改変をも含めた処置が必要になっていた。一三三四年（建武元）春ごろに発せられたと推定される所領にかかわる法令が知られているが、このような混乱に対処しようとした法律である。本領安堵（本主権の主張）と当知行安堵をめぐる争いについて、本領安堵については、多くの場合「沙汰に及ぶべからず」とし、所領安堵については再度当知行安堵を基本的政策とすることを確認しているのである。

また後醍醐の綸旨についても、「建武以後の綸旨は、たやすく改めてはならない」としているのである。これは注目すべきことで、逆にいえば、建武改元まで（元弘三年段階）の綸旨は変更してもよいとするものであり、誤ったケースがあったことを認めているのである。なぜこんなことをいっているのかといえば、武士に恩賞として与えた所領が、長期間にわたってある寺社の所領であったりする例がみられ、武士から所領宛行の綸旨を取り上げるというような事態も生じていたのである。たとえば、信濃国伴野荘内田原郷は一三三三年（元弘三）一一月に綸旨で大徳寺に安堵されたが、翌年二月に玉井・庄田という武士に恩賞として与えられ、綸旨が二通存在するという事態となったのである。大徳寺の訴訟により、武士に与えられた綸旨は撤回されたが、これは典型的な事例であろう。

それでも一貫した政策、筋を通した政治運営をおこなっていけばまだしも救いがあったが、必ずしもそのような政治姿勢を維持したわけではなかった。法令の中にしばしば、「朝要の仁」（建武政権にとって重要な人物）の場合は例外であり、後醍醐の意向によれとの文言がみられるのである。後醍醐の意向によって法や政策が曲げられるということがしばしば起こり、ますます混乱に拍車がかかるのであった。

中央権力機構の強化

「雑訴決断所の評定にもとづき」というような語句で知られるように、治安維持・裁判等にきわめて大きな役割を果たしていたのが雑訴決断所であった。そのため後醍醐はこの雑訴決断所の強化・拡

建武政権の機構と八省の新人事

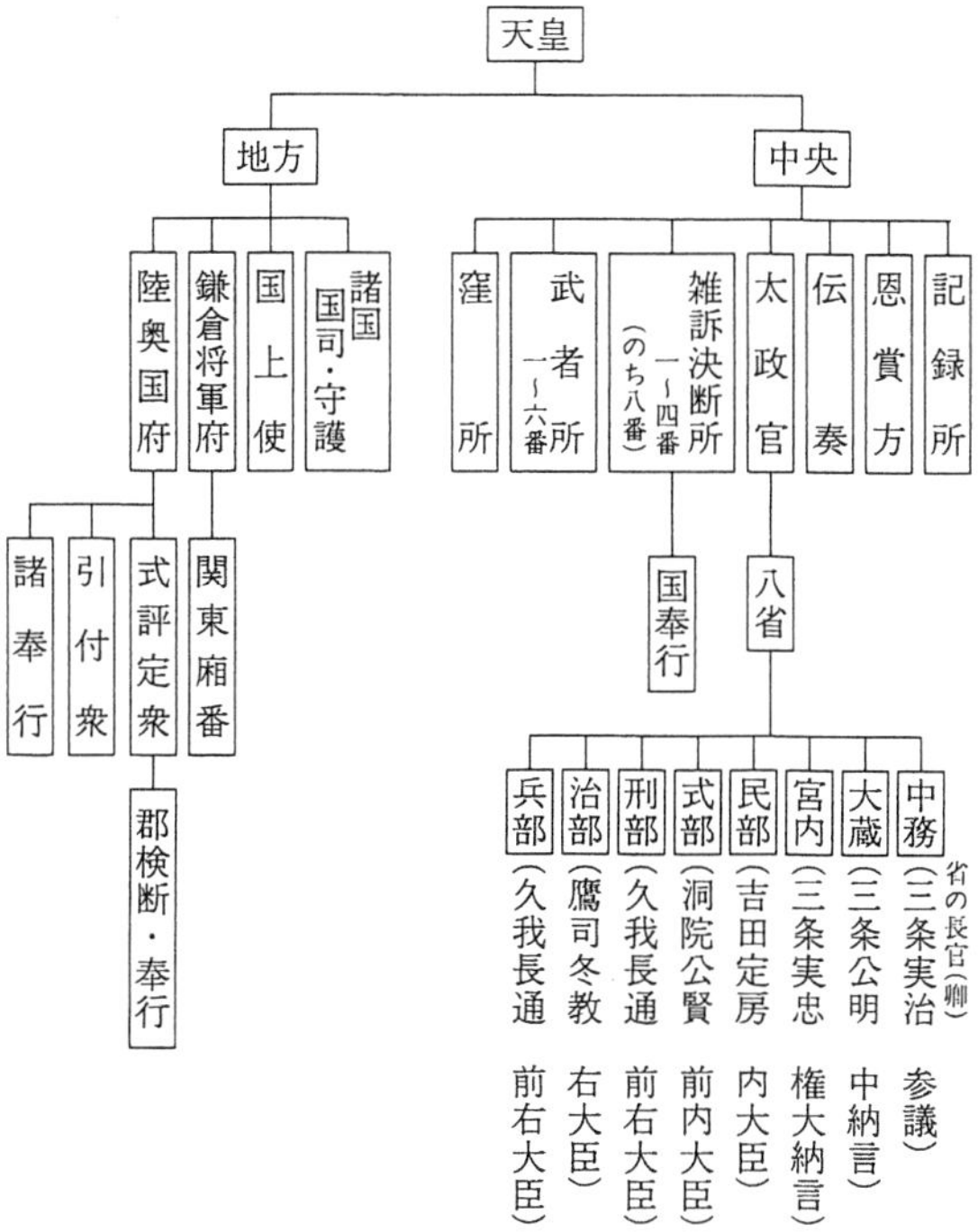

充をめざしたのである。
　雑訴決断所の成立とその構成についてはすでに前章でふれているが、この機関は所領をめぐる裁判だけでなく、地頭御家人にたいする所領安堵をおこない、綸旨を施行し、刈《かり》田《た》狼藉《ろうぜき》や罪科人の捕縛等の警察権にもかかわっていた。現在流にいえば、裁判・警察・行政等にかかわる権限をもつ政権中枢の役所であった。
　その構成であるが、公家と武家が統合した形の権力機関であったことが特徴であった。この権力機関を後醍醐は大幅に拡充する。
　成立当初は四番制（四部局制）

であった決断所を、八番制（八部局制）に機構を拡充したのである。一三三四年（建武元）八月のことであった。一部局（一番）は一二〜一四人で構成されており、総勢一〇〇名を超す人員を擁する機関となったのである。今回の編成替えで、裁判長クラスは上流公家がついているが、裁判官や書記官・調査官クラスの寄人・奉行人等には武士層が大量に採用されており、旧幕府の吏僚層であったような武士も奉行人として登用するのである。このことは新政権が人材不足であったことを示している。所領をめぐる相論《そうろん》や濫妨等が多発していたため、旧幕府系の武士を大量に採用したのである。

後醍醐による専制王権の確立・強化のためには決断所の充実が必要不可欠であったが、一方、決断所は後醍醐の勝手気ままな綸旨の乱発を制限する役割をも演じていた。すでに後醍醐の綸旨は誤りも多かったと述べたが、後醍醐の綸旨の乱発にブレーキをかける法令がみられる。一三三五年（建武二）二月の日付をもつ文書の中に、五か条にわたる雑訴決断所にかかわる規定が存在している。その第五条に、「後醍醐の綸旨を賜ったら決断所の役人に報告して、決断所の牒（命令書）をもらいなさい。牒がないならば所領の沙汰をしてはならない」というような趣旨のことが記されているのである。このことは後醍醐の綸旨に決断所の牒が添えられてはじめて遵行《じゅんぎょう》（所領の打渡し手続きの一つ）がなされることを示している。決断所は後醍醐の権限を制約する権限を持っていたのである。いつごろからこのような状況になったかといえば、綸旨に誤りがあったことを認めた建武元年春ごろのことではないかと推定されている。確証はないが、あるいは雑訴決断所が成立した当初からこのような権限が存在していたかもしれない。

物狂の沙汰

従来の朝廷政治

建武政権の政治運営の中核となったのは雑訴決断所と記録所であった。ことに決断所が大きな役割を演じたことはすでにみたとおりである。従来の朝廷政治のあり方からみると、決断所等の機関が政務の中心機関になることはきわめて異例であった。

これまでの朝廷政治はどのような形でおこなわれていたのであろうか。朝廷政治の本来の姿は、古代の律令政治であり、整然とした太政官機構の下でおこなわれていた。太政官は議政官、外記《げき》局、左右弁官《べんかん》局によって構成されており、その下に中務《なかつかさ》・式部・民部・治部・兵部・刑部・大蔵・宮内の八省等が存在して、それぞれの部署を担当して政治がおこなわれていた。議政官が権力の中枢として存在しており、その構成は太政大臣・左大臣・右大臣・大納言・中納言・参議《さんぎ》であった。国家意思を決定する上で、この議政官会議は大きな役割を演じていて、天皇だけが国家意思の決定にかかわっているわけではなかったのである。

このような体制は平安時代を通して次第に変化していった。たとえば「陣定《じんのさだめ》」というような政務を取り扱う評定の会議が成立してきたが、これは太政官会議を少し修正したような形の政務の会議であり、また「政」や「定」と呼ばれる同様な公卿の会議があらわれてきた。そして整然とした中央集権的な官僚制は次第に解体していき、それぞれの機関が独立的となって、特定の「家」が世襲的にその機関を占有するという事態となっていった。このように特定の家が世襲的に特定の機関を握ることを、官司請負制《かんじうけおいせい》などと呼んでいる。

しかし、鎌倉時代になっても議政官会議は続いていたし、鎌倉後半期に整備された院評定制《いんひょうじょうせい》も、平安時代から始まった「政」や「定」という朝廷政治の枠内にはいるものであった。この院評定制は院政を遂行するうえで、中心的役割を演じ、内外の重要問題の処理、所領をめぐる裁判等の充実や、その迅速性を求めて設置されたものである。だが、建武政権が成立するとこのような政治のあり方が大きく変化する。

政治機構の大幅な改変

その変化は次のような点である。政務に深く関わっていた関白が置かれなかったことは周知のところであるが、このことは特徴の一つとして指摘しておきたいことである。次に議政官会議が開かれなかったことである。後醍醐が帰京した直後に開かれたことが知られているが、その後、一三三四年（建武元）一月に建武改元の会議が開かれたこと以外は、公卿の会議が開かれたことを示す史料が存在していない。また、平安以来特定の家がある官職を世襲的に独占するという支配のあり方（官司請負制）、これを打破したことも注目される。さらに武士層が「朝廷政治」の中になだれ込んできたことも注目しなければならない。これは「公武を統一」した雑訴決断所が設置されたことにより、政権の中枢部に武士層が登用されたためである。もっとも強く指摘しておかなければならないのは、八省の人事の異常さである。

一三三四年（建武元）一二月一七日、後醍醐は八省の卿《きょう》（長官）の全員を交替させた。公家社会の秩序は正一位から少初位まで細かく規定されていた。三位以上を公卿（貴族）といい、五位以上の位を持っているものを殿上人《てんじょうびと》と呼んでいる。官職と位は対応しており、きちっとした官位相当制《かんいそうとうせい》が確立していた。八省の卿は四位相当の官職であった。ところが公家社会からみると官位相当制から逸脱した「異常な人物」が卿に任命されたのである。左大臣二条道平が兵部卿に、右大臣の鷹司冬教が治部卿にというように、現職の大臣や前大臣等が卿に補任されたのである。大臣は二位相当の官職であるから、律令時代以来続いていた官位相当制を否定するきわめて異常というしかない人事であった。

国家意思の決定にかかわる議政官を、行政官の長に任命したのである。

この人事は後醍醐の意向が明確にあらわれた人事であった。議政官を自己の権力を補佐し、決定を執行する官僚にしようとしたのである。なぜこのようなことをしようとしたのかといえば、専制的な王権を確立しようとしたからである。

一三三四年（建武元）末にこのような人事がなされたことに注目しないわけにはいかない。すなわち、議政官会議を解体して後醍醐の下に権力を集中していく一方、雑訴決断所の拡充・充実をおこない、有力者を八省の卿に任命することにみられるように、自らの手足になって活動する官僚・執行官の育成をめざしていたといえよう。建武元年の一年間は専制王権を確立するために後醍醐はさまざまな策をなしたのであり、八省の卿の任命はその仕上げであった。これにより後醍醐の専制王権が確立方向に向かったかにみえた。

なおこの点についてつけ加えておけば、雑訴決断所の牒が添えられなければ遵行がなされないというルールは、一三三五年（建武二）初頭には実行されなくなっていた。これにより綸旨こそが唯一の絶対的権威となったのである。これも専制王権を確立しようとしたことを示す一つの指標である。

後醍醐は一三三三年（元弘三）に政権の基礎固めをおこない、次の年の一三三四年（建武元）に専制王権確立のためにさまざまな画策をしたのであるといえるが、これが各層の批判をあびるところとなったのである。人々は彼の政治を「物狂《ぶっきょう》の沙汰」と呼んで批判したのである。この点は後にふれる。

地方の国衙と陸奥国府

後醍醐の地方支配構想

すでにみてきたように、建武政権の地方支配は国衙機構を中心に据えていた。後醍醐は国衙に命令を下して王権を浸透させていった。一三三三年（元弘三）七月末に発布した「諸国平均安堵法」（「一同の法」とも呼ばれている）が、各国の国衙に下されていることよりそのことが知られる。だが、国衙権力のみを頼りにしていただけではなかった。鎌倉以来の守護も重要な支配の支柱であった。地方支配はこの国司と守護の両者の機能を巧みに利用して支配しようとしたのである。

後醍醐は征夷大将軍や御家人制度を廃止しても、守護制度を否定しようとは思わなかった。征夷大将軍や御家人制度は国家や王権のあり方に深くかかわるが、守護制度がこのことにまったくかかわらないとはいえないが、むしろ地方の秩序維持のためにどうしても必要な機関であった。後醍醐がもっとも手を焼いていた問題の一つが、濫妨狼藉に対処することであった。この問題の解決が政権安定化のための大きな課題であったといえる。それを鎌倉以来警察権にかかわっていた守護をとおして処理しようとしたのである。

後醍醐は国司と守護を併置して地方支配を展開したのであるが、両者の関係はどのようなものであったのであろうか。大枠の区分であるが、守護は犯罪・凶悪人の捜査や検挙、財産の没収等を中心とした検断権（警察権）にかかわり、国司は没収した所領や財産の処分等をおこなう行政権に関与していたとされている。守護と国司の多くは、後醍醐の信任厚い公家や武家を任命し、中央に直結させて、後醍醐の意のままに地方をコントロールしようとしたのである。

守護はともかく、国衙や国司を十分に機能させるためには、国衙や国司に本来の権能を復活させて与える必要があった。そのためには当時一般的であった知行国制度を打破しなければならなかった。

知行国制度とは、ある国について、上流公家や皇族等が一族や近臣を形ばかりの国司にして、自分がその国からあがる収益を獲得するという平安時代から続いている制度である。そして、特定の国を知行国として特定の家が世襲する場合が多かった。このような国は国司が力を発揮するような状況ではなかった。そこで、後醍醐は、国司制度を歪める元凶であった、このような知行国制度にもメスを入れようとし、一部の国で実行に移した。たとえば、中院《なかのいん》家や西園寺家が知行国として世襲的に相伝《そうでん》してきた、上野国や伊予国が取り上げられてしまった。結果的にはこの制度を全廃できなかったが、公家には大きな衝撃を与え、強い批判も沸き起こったのである。

さらに後醍醐の「物狂の沙汰」は国司の補任にもみられた。国司に上流公家が次々に補任されていった。後醍醐は地方の国衙機構を立て直し、新政権の政策を実行するために上流公家を任じたのである。たとえば、紀伊国には護良親王、若狭国には内大臣洞院公賢《とういんきんかた》、長門国は万里小路《までのこうじ》宣房、越前国は中御門《なかみかど》宗重等が知られているが、もっとも有名な人事は、北畠顕家が陸奥守に任じられたことである。

北畠顕家の陸奥下向

一三三三年（元弘三）八月五日、顕家は陸奥守に補任された。顕家は北畠親房の長男で、弱冠一六歳であり、時に参議であった。顕家は自分の家の格からみて、かなり下の格である陸奥守に任命されることにたいして抵抗したが、後醍醐の説得により、陸奥の国司を引き受けざるをえなかった。

後醍醐の意図したものは何かといえば、有力者を国司として奥羽に送り込み、この地を完全に掌握することであった。というのは、奥羽の地は平泉政権が倒壊して以来、長い間北条氏の植民地のような状況に置かれており、反幕府の感情がきわめて強かったが、しかし一方では、北条氏の残党が不穏な動きをしており、また北奥羽では、鎌倉末期の蝦夷の蜂起によって引き起こされた混乱が続いていた。後醍醐としてはこの地を掌握して新政権の後ろ盾にしようとしたのである。

顕家は陸奥守に補任されるとすぐさま活動を開始した。七月に発布された「諸国平均安堵法」にもとづき、八月末頃より奥羽諸氏の所領について、当知行安堵の国宣《こくせん》（国司の命令書）を発しはじめる。さらに一〇月に入ると、陸奥国諸郡の検断《けんだん》（治安・秩序維持）について、二通の「事書」を陸奥国内に送っている。その一通は「護良親王の令旨」を持っている者、「国司や守護の被官」といっている者等が、綸旨を所持せずに濫妨することを取り締まるようにと述べており、六月一五日に発布された法令の内容を伝えたものであり、他の一通は七月の「諸国平均安堵法」を伝えるものである。この事実は、顕家は後醍醐の発した法令にもとづいて、陸奥を強力に統治しようとしていたといえる。

一〇月二〇日、顕家は後醍醐の皇子である義良親王を奉じ、父北畠親房や一門の公家を従えて陸奥へ出発した。義良を後醍醐が陸奥に下したのは、「奥州小幕府」を樹立させて、将軍を義良、執権を顕家にしようとしたのであるともいわれている。

陸奥の小幕府

この年の暮れに多賀城に到着すると、顕家はまさに「小幕府」を思わせるような陸奥国を支配する体制を築いていった。京下りの冷泉《れいぜい》家房等の公家、旧幕府に属していた二階堂行朝等、奥羽の武士である結城宗広等の八名で構成する式評定衆を最高機関とし、その下に奥羽武士を中心とする二一名によって構成される引付と、政所と侍所を設置し、評定・寺社・安堵等の奉行を置いた。

さらに広大な陸奥の地方を、郡《こおり》を中心に統治しようとして、国府の支庁ともいうべき郡奉行所を置き、奥羽武士の奉行人がそこに派遣されて、国司の代官として郡内の行政にたずさわったのである。また郡検断というような職も設置されて、治安維持等の警察業務を担当していた。このような整然とした体制は、顕家が京都を出発する以前から準備していたものであろう。広大な陸奥を、各地の郡奉行と郡検断を相互に協調・競争させながら支配を展開していこうとしていたといえる。

このような奥羽の支配体制を陸奥国府体制《むつこくふたいせい》、または「奥州小幕府」体制と呼んでいる。そして、この体制は公家、武家の両者が参画する、公武一体の体制であったことに注目しないわけにはいかない。すなわち、後醍醐も中央において、公武統一の権力機構の樹立をめざして苦闘していたのであるが、陸奥国府体制は中央に倣って、まさにこの公武の一体化をすすめたのである。

この体制は一定の成功をおさめた。顕家は国司として二年程の滞在であったが、その活動は精力的であった。彼の活動を示す国宣は八十余通残されており、その内容は、宛行・安堵・検断等のさまざまな事項にかかわるものであり、国衙機構を通して、強力な統治をおこなったことが知られる。

当時のことを記した『保暦間記』には、陸奥国府が成立したことにより、「東国の武士は多く奥州に下るので、昔の関東の面影がなくなった」と述べている。北条氏の残党が蠢動《しゅんどう》していた津軽地方も転機を迎える。鎌倉幕府が滅亡しても合戦が続いて、悪党と呼ばれるような人々が怪しく活動していたが、顕家が果敢に対応し、南部氏等を派遣して「津軽合戦」を鎮定化させ、一応の平穏を迎えている。

また尊氏が建武政権に反旗をひるがえした後のことであるが、顕家が奥羽の大軍を率いて二度まで上洛し、一旦は尊氏軍を九州に追うほどの働きをしたのは、奥羽の統治がそれなりにうまくいったことを示していよう。

東国と鎌倉将軍府

東国の状況

鎌倉幕府が滅亡した後の東国はどうなったのであろうか。鎌倉攻めの大将であった新田義貞は、鎌倉幕府が滅亡すると、鎌倉にとどまらずに上洛した。幕府滅亡後の義貞にかかわる史料は少ない。しかし、八月ごろまでには後醍醐に謁見し、恩賞を与えられている。

幕府が滅亡した後の鎌倉は、京都と同様に当然のことながらかなりの混乱・騒動が続いていた。『梅松論』という書物によれば、鎌倉中は連日騒動があって、世上は穏やかでなかったと述べている。凶悪の族が横行し、無秩序の状況が続いていたであろうことは疑いないところである。このような中、だれが鎌倉市中や近辺の秩序維持にたずさわっていたのかといえば、足利氏の関係者であった。足利氏が実効支配したのである。

尊氏が鎌倉幕府軍の一方の大将として上洛する時に、鎌倉に子供である義詮を残していった。その義詮が鎌倉を脱出して、本拠地の下野国にいたり、義貞とともに討幕の兵を挙げたのである。その時に義詮は四歳であったので、実質上は家臣の細川氏や斯波氏が中心となって旗揚げしたものである。彼らこそが義貞が上洛した後の鎌倉支配の中心となっていた。

しかし、旧政権の残党はここかしこでうごめいており、足利義詮やその一党のみでは支配が不十分であった。無秩序的な事態となっている鎌倉や東国を、後醍醐がどのように掌握して、支配していくかは大きな課題であった。旧政権の本拠地を完全に掌握しない限り、建武政権の安定はありえなかった。

足利尊氏の東国下向構想

後醍醐の最初の構想は足利尊氏を東国に派遣して、東国を安定的に支配しようとしたのではないかと思われる。すでに述べたように一三三三年（元弘三）八月五日に北畠顕家が陸奥守に任じられ、陸奥国多賀城に下り、陸奥国府の主となったのであるが、この日に足利尊氏も武蔵守に補任された。顕家の陸奥守補任が陸奥国下向の伏線ならば、尊氏の武蔵守補任も東国下向のための伏線とみなすのが自然である。この人事は顕家の陸奥国下向と同様に、尊氏を東国に下向させることを意図していたものとみて誤りないであろう。後醍醐は旧政権の所在地であり、有力豪族層が割拠している東国を、武門の最大の実力者をもって押さえようとしたといえる。

尊氏を東国に下せば、そこで勢力を得て、建武政権の打倒に動くので、後醍醐は決してそのようなことをしないであろうとする反論もあるかもしれないが、それは尊氏が二年後に建武政権を倒したという結果論であり、事実と反するものである。

なぜかといえば、新政権成立後、建武政権下の東国の情勢や諸職の補任をみれば明らかである。尊氏は武蔵守に補任されるとともに、武蔵国守護にも任じられている。そればかりか、伊豆国の守護であり、国主（知行国主）も兼ねていた。また駿河国でも国主と守護に任じられていたと推定されている。鎌倉時代以来の領国であった上総国・三河国も尊氏、または尊氏の臣下である高師直が守護であったと考えられている。さらに弟直義は相模守となっており、遠江国や尾張国の守護も足利一門が補任されていたと推定する見解もある。このように尾張国以東の東国に圧倒的な勢力を持っていたのが足利氏であった。

このような状況からして、後醍醐は意図的に足利一族等に東国の国司や守護を与えたと思われる。

護良親王はライバルとして、尊氏を強く警戒していたが、後醍醐はこの時点では尊氏に信頼をおき、恩賞も公家から批判が出るほど厚かった。このようなことから、後醍醐は尊氏をもって、東国の秩序維持にあたらせようとしたとしても不思議ではない。

ひそかに後醍醐が抱いた意図がもう一つ存在したともみられる。それは京・畿内から足利勢力を後退させようとしたのではないかとも推定される。すなわち、六波羅探題滅亡後、尊氏は奉行所を開設して、洛中・洛外を掌握して、大きな勢力を持つにいたっていた。この畿内の尊氏の勢力をそぐために、尊氏の東国下向が企画されたのかもしれない。

結果的に足利尊氏は東国に下向しなかったのであるが、後醍醐は次の年の一三三四年（建武元）には、尊氏を九州の秩序維持者・警固者にしようとしたことが知られている。九州にも「鎮西小幕府」を造ろうとする構想があったことに注目したい。この点は後でふれよう。

足利直義と鎌倉将軍府

なんらかの理由で尊氏の東国下向は取り止めとなったのであるが、後醍醐は足利氏の一門を東国に下す構想を引っ込めたわけではなかった。尊氏の弟直義を一一月八日に相模守に任じ、鎌倉に下したのである。直義は後醍醐の皇子成良を奉じて、この年の暮れに鎌倉に下り、関東十か国を統括することになったのである。

『建武年間記』に「決断所において沙汰あるべき条々」という規定が存在しているが、その規定の中に「関東十か国成敗の事」という三か条の条文がある。これが直義を中心とする鎌倉将軍府の権限にかんするものであった。それによると、所務相論《しょむそうろん》、年貢以下の裁判、所領や遺跡の争いの裁判権が存在していたことが知られる。ただし、特別に重要なことは中央に注進せよと述べられている。一部中央に注進する事項があったとはいえ、関東十か国内の事項について、ほぼ完全な裁判権が存在していたのである。

また、関東には関東廂番《かんとうひさしばん》という組織が置かれており、この組織には足利一族、上杉・高氏《こうし》一族等、三九名の武将が配置されており、足利氏の完全な拠点として存在していたことが知られるのである。

「鎮西小幕府」構想

陸奥国府や鎌倉将軍府のような統治機関は奥羽と東国だけであったのであろうか。統治機関として建武政権下に存在したのはこの両機構のみである。だが、九州にも設置しようとしていたと推定される。一三三四年（建武元）九月、後醍醐は日向・薩摩の守護である島津貞久にたいして、検断・海賊追討・異国警固等にかかわる鎮西警固を命じる綸旨を下したのであるが、その綸旨を施行《せぎょう》（命令を伝達すること）したのが足利尊氏であった。

このことから、尊氏は九州を警固する権限を握っており、九州における軍事指揮権を掌握していたのではないかと推定されている。このような権限を尊氏が九州全域に持っていたとするならば、九州にも広域統治機関を設置しようとしていたものとみなされよう。後醍醐は、あるいは自分の皇子の一人をつけて、尊氏を九州に下向させようとしていたのかもしれない。この皇子の一人は、後に征西府《せいせいふ》を樹立させた懐良《かねよし》親王あたりであったと推定されよう。

奥羽・東国・九州は古代以来、中央に対抗する地域として、中央政府はその支配に苦慮してきたところであるが、後醍醐もそれらの地に特別な配慮をなしていたものとみなされよう。建武政権を崩壊させる動きもこれらの地域から起こってきた。

第五章　矛盾と批判

栄華と憤怒の公家と武家

朕の新儀

足利尊氏の側近武将が書いたとされている『梅松論』に、「朕の新儀は未来の先例たるべし」と後醍醐が述べたと記されているが、「新儀」とは、新しい政治ということで、後醍醐が従来の慣例・先例にとらわれない思い切った政治をおこなうことを宣言した言葉であるといえる。先例や慣例に従うことが「善」とされている中世社会においては、「新」という語は「悪」と同様にみなされていた。「新」は伝統や慣例を破壊する「悪」とみなされていたのである。だが後醍醐はこのような社会意識に挑戦したのである。

何度も述べるように、従来の朝廷政治の中で生きてきた公家からみたならば、彼の政治は異例な点が多く、先例から逸脱したものであった。彼のおこなった政治は、当時の公家に「物狂の沙汰」などと呼ばれているのである。

彼は延喜・天暦時代の世を追慕して、律令国家の最盛期に匹敵するような政治をおこなおうとしたとされているが、決して延喜・天暦時代の政治を再興したわけではなく、むしろ、その対極に位置するような政治をおこなったといえる。その最たるものが、議政官会議の弱体化・無力化と、八省の卿への大臣等の上流公家の任命であった。まったく延喜・天暦時代には考えられないような人事であった。

また延喜・天暦時代以降に制度化されていったものも、次々に解体・修正していった。摂関を置かなかったことはよく知られているが、国司制度にも手を入れた。律令時代のものと大きく変化してしまった国司制度を本来の姿にもどそうとしたのである。収益化していた知行国制度の改廃をおこない、特定の家が特定の国を知行するという変則的な制度を、本来の地方支配の組織に変えようとしたのである。すでに述べたが、たとえば、中院家という公家は上野国を知行国として一五〇年にわたって相伝してきたのであるが、この知行国を没収されてしまう。西園寺家の伊予国も同様であった。

知行国制度だけでなく、特定の家が、特定の官職を長い間世襲的に占めているという状況が平安時代から続いていた。たとえば、太政官の中の「大史」という官職を小槻氏が世襲的に独占していた(官司請負制度)。このような例は多くあったが、官職の世襲制度は本来のあり方に反するものであった。そこで後醍醐はこのような、官職の世襲的独占を次々に改変していったのである。

伝統や家格を無視した後醍醐の改革にたいして、公家層が強く反発したであろうことは疑いない。

南北朝時代の公家である三条公忠は日記の中で、後醍醐天皇のおこなったことは「物狂の沙汰（気が違ったようなこと）」が多いから、先例にならないと強く批判しているのである。

新政を謳歌する者

長い間知行してきた相伝の知行国を、二束三文程度の荘園と引き換えに召し上げられた中院や西園寺氏等の公家は、冷や飯食いに追いやられ、後に建武政権崩壊に一役買うのである。しかし、当然のこととして、一方では新政を謳歌する、羽振りのよい者もいた。

このような人々は公家では千種《ちぐさ》忠顕、武家では楠木正成・名和長年・結城親光が有名である。世間では彼らの栄達をみて、三木一草《さんぼくいっそう》（楠木・結城と、名和は伯耆守に任じられたので、三者とも「き」の字が含まれており、千種の「くさ」を加えてこう呼んだ）と呼んで羨望のまなざしを向けた。

千種忠顕は中流公家で、学問の家である六条家出身であったが、学問はまったく顧みずに、武芸を好んだために父親に勘当されたと伝えられている。後醍醐はこの公卿を隠岐まで連れて行くほど寵愛して、建武政権が成立すると、頭中将《とうのちゅうじょう》という破格の地位に就け、三か国の知行国と多くの所領を与えたのである。

楠木正成はその前半生については謎の多い人物であることについてはふれた。明らかであることは、彼の本拠地は河内国であり、正成が悪党であったということである。建武政権下の活躍と、悲劇的な戦死によって、動乱期の英雄などとされていることは周知のところである。

後醍醐を船上山に迎えて、後醍醐の京都への凱旋のレールを敷いた名和長年もはっきりしない人物である。彼は海の武士団で、鎌倉時代の日本海交易の発展や貨幣の流通の波に乗り、日本海沿岸で商業活動にたずさわっていたものと推定されている。結城親光は白河結城の出であり、下総結城氏の庶流であったが、白河結城氏は後醍醐から惣領職を与えられている。これも異例な待遇であった。楠木等の三人は検非違使や左衛門尉のような官職を与えられて、後醍醐の側近として活躍するのである。

新政を嘆く者

建武政権樹立に多大な功績をあげながらも不遇な者もいた。その代表者は護良親王である。新政権の成立直後に征夷大将軍に補任された護良は「大塔《おおとう》の法親《ほっしんのう》王、都に入給ふ。この月ごろに御髪おほして、えもいはず清らなる男になり給へり、唐の赤地の錦の御鎧直垂いふもの奉りて、御馬にて渡り給へば、御供にゆゝしげなる武士どもうち囲みて、御門《みかど》の御供なりしも、ほとほと劣るまじかめり」(『増鏡』)と威風堂々と入京してきたのであった。だが待っていたのは父後醍醐との対立であった。

討幕運動中に護良は自軍の勢力を拡大して、反幕府の活動を有利に展開するために所領の宛行や安堵を認めた令旨(親王等の命令書)を多く発行していた。新政権が成立すると、それらの令旨を受け取った武士層や畿内の悪党が、その履行を求めて新政権に押しかけてきた。しかし、当知行安堵を基本の土地政策とする後醍醐はこれらの要求の多くを拒否したものとみられる。空手形に等しい令旨を持っていた武士層の不満は強く、そのために各地で狼藉が繰り返されるのである。

護良にとってさらに打撃となったのは、征夷大将軍の解任である。彼が解任されたのは九月初旬までのことであったとされており、わずか三か月ばかりの征夷大将軍であった。このように令旨は否定され、征夷大将軍も解任されたことにより、彼の権威や勢力はがた落ちであった。それに反して足利尊氏の勢力は日々増大していった。

護良の立場は危うく、権威は日々に凋落していった。あせった護良は尊氏を討とうとする計画を立てたとされて、それが露顕し、後醍醐の命令により捕縛されて、直義のいる鎌倉に流されることになったのである。一三三四年（建武元）一〇月のことであった。

征夷大将軍を解任されて、尊氏暗殺計画の事件が起こるまでの護良の行動は不明な点が多い。ある僧侶が関東に送った書状の中に、護良の従者が京都市中で殺害、狼藉をおこなっていると記されていたり、また『太平記』には、護良の配下のものが、京都の白河あたりで辻斬をおこない、人々の批判を買ったことが記載されており、これらのことから彼の置かれている立場が、わずかに知られるのみである。

このような中で、護良は後醍醐の信任の厚い名和長年・結城親光によって、参内したところを捕らえられるのである。この事件についての真相について、護良は自分の子供を帝位につけようとしたから、後醍醐が怒った等々の諸説が史書にある。また、この事件の背後に、尊氏追い落としのために護良を操る後醍醐の影がちらつくとする研究者の見解もあるが、真相は不明である。

嘆いたものの一人に播磨国の住人である赤松則村（円心）がいた。則村は後醍醐が隠岐を脱出した以後、後醍醐方の中心として、畿内近辺で幕府軍と激闘を繰り返し、六波羅探題を落とす上で大きな役割を演じた。建武政権が成立すると、播磨国守護に任じられたが、すぐに解任されたと推定されている。そして、赤松氏が得た恩賞は播磨国佐用荘の地頭職を与えられたのみであるという。赤松氏の恩賞が薄かった理由を護良と赤松氏の親密な関係によるとする研究者もいるが、これまた真相は不明である。だがこの件が則村が反建武政権に走る大きな理由であった。『太平記』は次のように述べている。「さしもの軍忠ありし赤松入道円心に、佐用荘一所ばかりを行はれ、播磨国の守護職をば程なく召返へされけり。されば、建武の乱に円心俄に心替りして、朝敵と成りしも、此恨とぞ聞へし」。

赤松氏は「悪党」であったともいわれている。討幕のために後醍醐方として活躍した勢力に悪党や非御家人勢力がいたことはすでに指摘したが、じつはもっとも新政権に失望したのはこのような人々であった。悪党とされている楠木正成や名和長年等のように新政権内部で破格の地位を得たものはわずかで、他の圧倒的多数はさしたる地位や所領も与えられず、護良の令旨等も後醍醐に無視されて大きな不満を醸成したのである。悪党等が何のために討幕に参加したのかと問いたくなるのも無理はない。そのために各地で狼藉を繰り返して後醍醐を悩ませたのである。

公武一統

公武による権力の統一

鎌倉時代においては、公家と武家という明確に区分された二勢力によって権力が構成されていた。公家勢力は京都に公家政権を、武家は東国を中心として武家政権＝鎌倉幕府をつくり、この両政権が対立し、協調し合いながら中世国家を構成していた。それゆえ、鎌倉時代の国家の構造は複雑であり、所領は公家の支配地と武家の支配地に大きく区分されており、法律も公家法と武家法に分かれていた。また裁判も区分されていた。

すでに前にも少しふれているが、この両者の特徴は、幕府はどちらかといえば、軍事・警察権を中心とした権力であり、公家政権は古代以来の文官や僧侶を中心とした政権で、儀礼や身分秩序の維持、観念的権威を授け、支配イデオロギーの形成等を担当していた権力であるといえる。

このように鎌倉時代は公家と武家に分裂した権力であったので、武家政権がつぶれた後に権力を一本化した後醍醐にとって、新政権の内部にいかにして武士層を取り込むかが大きな課題であった。建武政権は「公家一統」政権と呼ばれているが、「公武一統」政権でなければ権力が維持できなかったことは明らかである。武士の処遇が建武政権安定化のカギであった。

後醍醐が帰京した直後は武士層が市中にあふれ、さらに続々と上洛してきていた。このような武士を従来の朝廷機構の中に抱え込むのは不可能であった。地方においては、国司と守護を併置したり、陸奥国府や鎌倉将軍府を設置することにより、そこに武士層を吸収して、武士の不満を回避しようとしたのであるが、問題は中央であった。

中央は従来からの公家政治の枠組みがあり、その中に多数の武士層が入り込める余地はなかったことにより、武士を取り込むことができる新しい権力機関が必要であった。そうでなければ従来の機構を大幅に改革する以外になかった。武者所は新しく設置された機関である。この長官に新田義貞を任命して軍事・検断等の権限を与え、武士層の一部を吸収した。窪所という警察機関も同様であった。

雑訴決断所

新しく設置された雑訴決断所も武士層の吸収に一役買った。すでに述べたように裁判長格クラスは上流公家、武士層の多くは奉行人クラスであり、身分差が明確に存在していた。身分差が存在していたが、新政権が成立すると、所領等をめぐる争いが大量に発生したために、旧幕府系・旧六波羅探題系の吏僚層が多く登用されており、その構成員の二五パーセントを占めていたという。また、楠木正成・結城親光・名和長年等がその構成員になったのをはじめとして、足利氏の被官層も多くこの組織に参加している。

しかし、二条河原落書に「器用の堪否沙汰もなく、もるゝ人なき決断所」と嘲笑しているように、才能の有無をもみずに任命しているのである。

雑訴決断所は公家と武家を統合した権力組織として、後醍醐の専制政治の中核となるはずであった。しかしこの組織が成功したともいえない。公家も武家も不満を募らせた。公家は家格からみたならば、きわめて低い地位の執行官・吏僚にされてしまったことが納得いかなかった。武士は公家よりかなり格が下であったことが不満であった。たいして功もないのに偉ぶっているのが気にくわなかった。一言でいえば決断所の人的構成は水と油であったといえる。また、才能のないものも多く、とくに公家は経験不足であった。無能で経験不足の者をごたごた裁判機関の中に組み込んでも混乱が増すだけであった。さらに、ここでの判決が簡単に変えられる例も多かった。

「公武水火の世」への批判

朝令暮改の政治

このような新政権にたいする『梅松論』の批判は鋭い。そこには、「記録所と決断所をおいたといっても、近臣が天皇にひそかに訴えて判決をねじまげてしまい、天皇の決定を示す綸旨が朝に変じて、暮れに改まるような状況であり、諸人の浮き沈みは掌を返すようである」という。そして、「東国の武士たちは、建武政権は益なしと思いはじめ、武家が公家に恨みを含み、頼朝のように天下を掌握しようという機運が急速に強くなっていった。それゆえ、公家と武家が水火の陣となり、元弘三年が暮れた」と述べられているのである。建武政権の時代は「公武水火の世」などとも呼ばれている。

天皇の発した綸旨が召し返された例は多い。すでに述べたことであるが、一三三三年（元弘三）段階の綸旨に誤りが多かったことは、多く指摘されている。まさに『梅松論』の記しているとおりであった。

なぜこのようなことが起こったのかといえば、新政権成立の段階においては、整備された権力機構が存在していなかったことに要因があったが、その後の事態を追ってみると、後醍醐の政治姿勢にも問題があった。この点については最終章で詳しく検討するつもりであるが、後醍醐が専制的な姿勢を強め、恣意的な政治判断をおこなったことにこのような事態にいたった要因があった。至高の王権を求めて、後醍醐の政治は次第に専制化していった。後醍醐は封建王政という形態の政治をおこなおうとしていたのである。

政道正しからず

『太平記』は後醍醐天皇や建武政権をどのようにみているのであろうか。『太平記』は全四〇巻で、大きく三部に分けられるとされている。第一部は巻一一までで、後醍醐の討幕活動から鎌倉幕府が滅亡するまでの動きを描いた部分である。第二部は巻二一までで、建武政権の政治、その崩壊、南北朝動乱の開始、室町幕府の成立、後醍醐天皇の吉野での死去までをダイナミックに活写している。第三部はそれ以後、足利義満の登場までであり、動乱時代の中の大小の事件を取り上げ、自由狼藉の世界を描き、怨霊や天狗の跳梁をみ、有力守護の抗争について記しているのである。

後醍醐や建武政権について述べられているのは第一部と二部である。第一部と二部では後醍醐の評価は大きく異なっている。第一部においては後醍醐は「君の徳」を典型的に備えた、徳のある君主であったと絶大な賛辞を浴びせて、後醍醐の善政を指摘するのである。ところが、建武政権が成立した以後になるときわめてきびしい評価となっていく。たとえば、「公家一統」になった後、諸国の地頭・御家人はみな奴婢《ぬひ》や雑人《ぞうにん》のようになってしまうのではないかとか、恩賞も公平ではなかったとか、雑訴決断所の決定に錯乱があったとか、後醍醐が内奏によって恣意的、勝手気ままな政治をおこなったとか、種々の点にわたってきびしく批判しているのである。ことに強く批判しているのが、大内裏の造営であり、貨幣の鋳造であり、後醍醐側近の奢侈《しゃし》についての批判で、至高の権威をめざした後醍醐の政治姿勢をきびしく批判するのである。そして「政道正しからず」と決めつける。

『太平記』のこのような批判は、当時生きていた人々の一般的な意識とみなしてよいであろう。『太平記』は当時の人々にとって、現代史の書物であり、同時代史の本であった。もちろんこの書の筆者は南北朝時代に生きた人であった。そして筆者は一人ではなかった。かなり多数の人間がこの書の成立にたずさわったであろうといわれている。彼ら筆者等は当時の人々の意識にもとづいて執筆しているとみなしうるのである。

多くの人が見聞きしたことを歴史書として書き上げるためには、さまざまな事件をある一定の基準・視角で整理して叙述しなければならない。歴史観といわれるものである。第一部は「天の徳、地の道」という儒教的歴史観で記述し、徳のある後醍醐天皇が、不徳の北条高時を滅ぼしたという統一的叙述で完結する。だが二部は、後醍醐の専制政治にたいする社会の批判を基調にすえて叙述する。すなわち、当時の人々の間に広く存在した「物狂の沙汰」をおこなった建武政権批判の上に立って筆を進めるのである。その筆致が当時の人々を引きつけたといえる。次に当時の人々の建武政権への批判をみてみよう。

都市民と郷民の批判

都市民の建武政権への批判として有名なものは、新政権が成立した一年後の一三三四年（建武元）

口遊《くちずさみ》　去年八月二条河原落書云々　元年歟

此比都ニハヤル物　夜討強盗謀綸旨《にせりんじ》
召人早馬虚騒動《そらそうどう》　生頸還俗自由出家
俄大名迷者　安堵恩賞虚軍《そらいくさ》
本領ハナル、訴訟人　文書入タル細葛
追従讒人《ざんにん》禅律僧　下克上《げこくじょう》スル成出者
器用堪否《かんぷ》沙汰モナク　モル、人ナキ決断所
キツケヌ冠上ノキヌ　持モナラハヌ笏持テ
内裏マシハリ珍シヤ　賢者カホナル伝奏ハ
我モ〳〵トミユレトモ　巧ナリケル詐ハ
ヲロカナルニヤヲトルラム　為中美物《いなかびぶつ》ニアキミチテ
マナ板烏帽子ユカメツ、　気色メキタル京侍
タソカレ時ニ成ヌレハ　ウカレテアリク色好
イクソハクソヤ数不レ知　内裏ヲカミト名付タル
人ノ妻鞆《めども》ノウカレメハ　ヨソノミル目モ心地アシ
尾羽ヲレユカムエセ小鷹　手コトニ誰モスエタレト

八月に、後醍醐天皇の御所の近くの二条河原に掲げられた「二条河原落書」（下段を参照されたい）である。落書は本来犯罪人を摘発するためのものであったが、次第に政治や社会を風刺するものに変化していった。「二条河原落書」の筆者は、かなりの知識人ではないかと推定されているが、その内容は京都市中の人々の意識を代弁したものであった。そのことは「御代に生てさま〲の、事をみきくそ不思議共、京童の口すさみ、十分一そもらすなり」と、最後を結んでいることから明らかである。

「此比《このごろ》都にはやる物、夜討強盗謀綸旨《にせりんじ》」で始まるこの落書の内容は、当時の世相批判、新政権を構成する才能もない公家・武家等への嘲笑、田舎から出てきた成り上り者への非難、上洛している関東武士への嘲り、都にはやる軽薄な文化への冷

鳥トル事ハ更ニナシ　鉛作ノオホ刀
太刀ヨリオホキニコシラヘテ　前サカリニソ指ホラス
ハサラ扇ノ五骨　ヒロコシヤセ馬薄小袖
日銭《ひぜに》ノ質ノ古具足　関東武士ノカコ出仕
下衆《げす》上臈ノキハモナク　大口ニキル美精好《せいごう》
鎧直垂猶不ㇾ捨　弓モ引エヌ犬追物
落馬矢数ニマサリタリ　誰ヲ師匠トナケレトモ
遍《あまねく》ハヤル小笠懸《こかさがけ》　事新キ風情也
京鎌倉ヲコキマセテ　一座ソロハヌエセ連歌
在々所々ノ歌連歌　点者ニナラヌ人ソナキ
譜第非成ノ差別ナク　自由狼藉ノ世界也
犬田楽ハ関東ノ　ホロフル物ト云ナカラ
田楽ハナヲハヤル也　茶香十炷《しゅ》ノ寄合モ
鎌倉釣ニ有鹿ト　都ハイト、倍増ス
町コトニ立篝屋ハ　荒涼五間板三枚
幕引マワス役所鞆《とも》　其数シラス満々リ
諸人ノ敷地不ㇾ定　半作ノ家是多シ
去年火災ノ空地共　クソ福ニコソナリニケレ

笑、人々の軽薄な行動への侮蔑等、建武政権により「天下一統」された、世の中・政治の世界を嘲笑しながら批判しているのである。

地方の人々も建武政権に落胆した。そのもっとも有名なものが、一三三四年（建武元）夏に若狭国太良荘《たらのしょう》の農民が訴えた申状である。「明王聖主の御代になり、諸国の土民・百姓は皆貴い思いをなして、安堵しています。かつて太良荘が東寺領であったときには、荘園領主（東寺）は地頭の非法を停止していただいていました。しかし、去る正安年中（一二九九～一三〇二）より、この荘園が北条氏の所領となり、非法が横行し、年貢が重くなり、たいへんな苦しみでした。ところが幕府が滅亡してまた東寺領となったので、百姓は年貢等が軽くなるだろうと喜んでいました。しかし、年貢は北条氏の支配していたころより重くなり、さまざまに責めさいなまれるのでたいへん困っております」というような文面の訴え状である。直接には荘園領主の東寺にたいして訴えたものであるが、このことについては建武政権の政策とも大いに関係

適ノコル家々ハ　点定《てんじょう》セラレテ置去ヌ
非職ノ兵仗ハヤリツ、　路次ノ礼儀辻々ハナシ
花山桃林サヒシクテ　牛馬華洛ニ遍満ス
四夷ヲシツメシ鎌倉ノ　右大将家ノ掟ヨリ
只品有シ武士モミナ　ナメンタラニゾ今ハナル
朝ニ牛馬ヲ飼ナカラ　夕ニ賞アル功臣ハ
左右ニオヨハヌ事ソカシ　サセル忠功ナケレトモ
過分ノ昇進スルモアリ　定テ損ソアルラント
仰テ信ヲトルハカリ　天下一統メツラシヤ
御代ニ生テサマ〳〵ノ　事ヲミキクソ不思義共
京童ノ口スサミ　十分一ソモラスナリ
（『中世政治社会思想』下、岩波書店より）

していた。

年貢等が重くなったというのは、大内裏の造営等のために諸国に収益の二〇分の一を徴収する税をかけたということと関係していると思われる。地方の人々にとっても、新政権が成立した後の世の中が、期待外れであったことを示している。

北畠顕家の後醍醐批判

後醍醐や建武政権に批判的であったのは、武士層や都市民、農民ばかりではなかった。後醍醐からみれば、自分にもっとも忠実であろうと考えていた公家の中から痛烈な批判がだされた。その批判を展開したのは陸奥国府の主、北畠顕家である。彼の批判は、南北朝動乱が開始された直後のことで、彼が大坂阿倍野で戦死する一週間前の一三三八年（延元三）五月一五日の日付を持つ、後醍醐にささげた諫奏状《かんそうじょう》（天皇を諫める状）である。

全七か条からなるこの状は、顕家自身が奥羽の地で苦労して学び、見聞きしたことにもとづき、血のにじむような思いで厳しい批判を展開している。その内容を簡単に紹介すると、第一条は前欠であるが、中央の指令のみでは政治が混乱するから、速やかに使節を西国と関東に派遣することを要望している。すなわち、中央集権体制への批判である。

二条は、諸国の租税を三年免除して、民衆の苦しい生活を回復させることを求めている。すなわち、太良荘のような農民への配慮を求めているのである。三条では、官職の登用はすべて才能によって選ぶべきであり、功があっても才能がないものは田地を与えるべきでないという。二条河原落書において「器用の勘否沙汰もなく、もるゝ人なき決断所」と、才能の有無をみずに官職につけている状況を批判しているが、まさにこの批判と一致するものである。

四条では功もない連中に与えた恩賞を召し上げて、功あるものに与えること、五条では、「遊幸・宴飲まことに乱国の基なり」と、天皇の遊びのための外出や宴会をつつしむように述べ、六条では、「法なきにしかず」と、朝に法律を定め、夕べにそれを改めては、人々はどうしてよいか分からないとし、法律を出してそれが実行されなければ、法律がないのと同じであると厳しく批判するのである。第七条では、公家や武士、女官、僧侶が政務に介入して、政治を曲げている側面がみられるが、そのようなことを厳禁すべきであるとしているのである。

この顕家の全面的な新政権批判は当時の知識人の意見を代表するものであったということができよう。

北畠親房の怒り

顕家の父親の北畠親房も後醍醐天皇を厳しく批判している。戦前の教育を受けたような人は、親房は後醍醐のために身命をなげうって貢献したように思われるかもしれないが、事実は違っている。親房が書いた『神皇正統記』や、親房が東国の武士に宛てた書状をみれば、後醍醐がおこなった政治に強い批判をもっていたことが知られる。

『神皇正統記』の「後醍醐天皇の政治」を記した中に、足利尊氏等の武士層に高位高官を授けた後醍醐の行為を批判した部分が存在している。そこで親房は尊氏が高位高官（参議・従二位）に昇ったことを前代の源頼朝や北条泰時等と比較しながら次のようにのべている。

「鎌倉時代には一介の御家人にすぎなかった足利尊氏が、格別の大功もないのに何ゆえ抜群の恩賞をもらったのか疑念を抱く。鎌倉幕府が滅んだのは、人の力ではなく、天によってなされたものである。そもそも武士たるものは長年にわたる朝敵である。その武士が皇威に服して味方となったからといって、その所領を安堵されただけで十分な恩賞である。それを天が与えた幕府滅亡ということを自分の手柄のように思っている。そして足利に限らず多くの武士が昇進しているのをみると、公家の世ではなく、まったく武士の世になってしまったのではないかと思われる。君主がみだりに官位を与えることを謬挙《びゅうきょ》（誤った任用）と呼び、臣下が不当に官位を望むことを尸禄《しろく》（禄盗人）と呼ぶ。謬挙と尸禄は、ともに国が滅び、王家が断絶する原因になる」と口をきわめて非難しているのである。

さらに親房はいう。「そもそも政道とは、一つには、官にはその職にふさわしい人材を登用すること、二つには、国や郡を臣下に与えるときは、かならずそれに足るだけの正当な理由がなければならないこと、三つには、功あるものはかならず賞し、罪あるものはかならず罰しなければならない」としている。このようなことを親房がわざわざ述べているのは、後醍醐がこのような点に反した政治をおこなっていたからである。

親房は一三三八年（延元三）東国に下って、常陸で幕府軍と戦い、なんとか南朝の敗勢を立て直そうとして悪戦苦闘するのである。そして各地の武士層に書簡を送って味方となることを求めたのであるが、ことに白河の結城親朝にあてた多数の親房の書状が残されている（結城文書）。その中の一通に、親朝が修理権大夫を望んだことにたいして、「官途《かんと》所望のことについてであるが、建武政権ができたのは、公家の政道を本来の姿に戻すためのものであった。したがって武士の任官・昇進は鎌倉時代の旧例にならうべきであった。ところが後醍醐天皇が異例の抜擢をしたことにより、その悪影響が今に及んでいる。異例の昇進は武士の将来に恐るべき悲運をもたらす。今後は旧儀を守らなければならない」と、ここでも後醍醐の「物狂の沙汰」を強く批判しているのである。

このように後醍醐と建武政権にたいする批判は上から下まで厳しいものがあり、建武政権が三年弱で崩壊してしまうのも当然のように見受けられる。次に、建武政権が解体していく過程をみてみよう。

第六章　落日の日々

中先代の乱

後醍醐の専制強化

後醍醐の政治姿勢は次第に専制化を強めていった。たとえば、第四章でもふれたが、一三三五年（建武二）二月日の日付を持つ「決断所条々」なる全五か条の法文がある。この法文は主として、雑訴決断所の発する文書や牒の扱いや、施行の手続き等にかんするものである。その中には、「綸旨を賜っても、雑訴決断所の牒をえていなければ、綸旨の遵行をして、土地を沙汰してはならない」との規定が存在している。

この規定は、後醍醐の恣意的な政治にタガをはめて、非人格的な機関である雑訴決断所の牒を添えることにより、後醍醐による無制限な国家意思の発動を抑制しようとしたものと考えられる。この規定は前年の一三三四年（建武元）三月ころには存在していたことが知られている。しかし、この条文の最後の付記に「この条々施行せられず」とあり、この規定が建武二年二月頃には実行されずに、後醍醐の意思が抑えられていなかったことを示している。後醍醐の専制的政治姿勢が強まっていったことを知ることができるものである。

旧幕府与党の蜂起

一三三五年（建武二）は激動の年であった。しかし、その前年から地方では旧政権の北条氏の残党がうごめいていた。北奥羽の旧北条氏領では北条時如や安達高景等が反乱を起こしており、建武元年春から夏にかけて南関東や北九州では北条氏の譜代の被官が蜂起し、さらに同年七月頃から日向や越後、一〇月には紀伊でも反乱が起こってきている。建武二年春には信濃国でも反建武政権の動きがみられる。

これらの反乱のほとんどは北条氏と関係が深かった地域から発生してきた。建武政権に衝撃を与えたのは、京都市中で新政権を転覆させる陰謀が発覚したことである。この陰謀はただの陰謀ではなかった。西園寺公宗という有力公家が引き起こしたものであったので、その驚愕《きょうがく》はひととおりのものではなかった。西園寺家は鎌倉時代においては関東申次（朝廷側の幕府との交渉役）として絶大なる権力を持ち、朝廷側の政治を牛耳っていた公家である。公宗は鎌倉末期にこの職につき、鎌倉末期の公武間の難題に対処してきたが、鎌倉幕府が滅亡すると、その職を解かれて謹慎に近い生活を送っていた。また長年にわたって所有してきた知行国を召し上げられたことはすでに述べた。

一三三五年（建武二）六月二二日のある公家の日記に「今日西園寺大納言公宗卿と日野中納言入道

資名卿が捕らわれた。また建仁寺の前で陰謀の連中を召し捕った。楠木正成・高師直がそこに向かった」と述べられており、さらに、この陰謀は「上皇の命令を奉じて、謀ったものだ」などと記されている。上皇とは持明院統の後伏見上皇と推測されているが、新政権が成立した二年後に起きた大事件であった。『太平記』もこの陰謀を詳しく記述している。それによれば、最後の得宗である北条高時の弟泰家を公宗がかくまい、彼を京都の大将とし、信濃にかくまわれている高時の遺児である時行が東国で蜂起して、東西呼応して建武政権を転覆させようとしたという。

この陰謀計画を通報したのは公宗の弟の公重であった。反乱は未遂に終わり、捕らわれた公宗は尊氏が反旗をひるがえしたときに処刑された。また泰家（改名して時興）は逃亡したことにより、一旦は平穏にもどったかにみえた。

鎌倉陥落

信濃国では、一三三五年（建武二）に入ると各地で不穏な動きが起こってくる。そして京都市中で陰謀があった翌月の七月に諏訪で北条時行が挙兵した。諏訪の豪族層に擁立された時行は佐久地方に進軍して国衙を占拠し、守護の小笠原軍をやぶって上野国に進出して、利根川を渡って一直線に鎌倉をめざして南下してきた。

鎌倉将軍府の主であった足利直義は七月二二日にみずから武蔵国井手沢に出陣して、時行軍を阻止しようとしたが、敗れて鎌倉を捨てて京都に向けて西走し、三河国にいたった。このとき鎌倉に監禁中であった護良親王を殺害した。時行軍が鎌倉に入ったのは二五日のことである。

直義は足利氏の領国であった三河国で再起をはかるためにそこにとどまり、兄尊氏の東下を待った。鎌倉陥落の情報は尊氏のもとに七月二五、六日ごろには着いていたものと思われる。この情報が京都に到達すると、この反乱に対処するための方策の会議がすぐさま開かれた。『太平記』によれば、諸卿が議論して、急いで足利尊氏を討手として東国に下すべきとしたことにより、後醍醐は尊氏の東国下向を命じたとしている。このとき尊氏は二つの要求を出したという。一つは征夷将軍（征夷大将軍）に任じられたいこと、二つ目は、関東八か国の支配と、武士にたいする恩賞の給付権を認めてほしいというものであった。この要望にたいして後醍醐は、関東八か国の管領は了承し綸旨を下したが、征夷将軍の件は時行討伐の功をみて考えようと述べたとされており、やんわり拒否したとしている。しかし尊氏は、忠節があったならば征夷将軍に補任されると約束がなされたとして関東に下向したと『太平記』は記している。

この件に関して、『梅松論』は、尊氏は東国に下り直義に力を貸したいと後醍醐に望んだが、許されなかったので、天下のためと称して京都を発ったという。『保暦間記』では、尊氏は征夷将軍を望んだのであるが、それがかなわずに関東に下ったとする。『神皇正統記』は征夷将軍と諸国惣追捕使《そうついぶし》を要求したが、二つの要求ともにかなえられずに征東将軍に任じられて関東に下っていったとする。

尊氏征夷大将軍を望む

この時代に成立した歴史書の記述からして、尊氏が征夷大将軍の地位を望んだにもかかわらず、補任されなかったことは明らかである。問題となるのは関東八か国管領と諸国惣追捕使の任命である。惣追捕使は源頼朝が鎌倉幕府を開いた時に任じられた官職である。尊氏がこのポストを要求することも当然考えられるところである。もし尊氏が征夷大将軍と惣追捕使の両ポストを望んだとするならば、頼朝の先例からして、関東に下向した後に幕府を再興する意思があったものとみなすことができよう。関東八か国管領と惣追捕使任命の関係は不明であるが、関東八か国を管領する惣追捕使と考えられるので、ほぼ同じような要求とみなすことができる。

尊氏の二つの要望にたいして、後醍醐は両方とも拒否したという『神皇正統記』等のような説（ただし征東将軍には任命されたとする）と、『太平記』が述べているような、関東八か国の管領を許したとする説が存在している。どちらかに断定しようもないが、通説では最初は両要請を後醍醐は拒否したのであるが、尊氏が兵を率いて東下におよび、征東将軍に任じたとされている。まったく手ぶらで東国に下ったとも考えられないので、征東将軍または関東八か国管領のような職に補任した可能性は十分に存在するであろう。

建武政権崩壊へ

後醍醐と尊氏の決裂

いずれにしても後醍醐と尊氏の間に気まずい思い、なんらかの齟齬《そご》を残して尊氏は京都をたって関東に下向していったものとみられる。ただし、尊氏が京都を出発する時から建武政権に反旗をひるがえそうとしていたとするのは、その後の尊氏の動きからして疑問符もつくし、いまさら彼の意向をうかがうこともできない。ただ、尊氏の関東下向から建武政権の崩壊がはじまったのは史実である。

三河国にとどまっていた足利直義とともに東海道を下った尊氏は、八月一九日に鎌倉を奪還して時行軍を追った。この報告を受けた後醍醐は、恩賞として従二位に昇任させることを条件に尊氏の帰還を求めた。この後醍醐の要求にたいして、尊氏は一旦は心が動いたようであるが、弟直義がいさめて上洛するのをとどめたという。京都と鎌倉との間では、水面下でさまざまな駆け引きがあったであろうが、一〇月一五日に鎌倉の旧将軍邸跡に尊氏は新邸をつくり、さらに一一月一八日に尊氏が新田義貞の討伐を要求したことにより、両者の離反は決定的となった。

これ以前、『太平記』によれば、後醍醐に尊氏は謀反すると讒言《ざんげん》するものがあり、この言に激怒した後醍醐が尊氏追討の宣旨を下そうとしたという。尊氏が義貞を政権から排除することを要求した理由は、諸史書の述べるところによると、尊氏のことを義貞が後醍醐に讒言したからであるという。閏一〇月七日に、国家の危機や疫病の流行の時におこなわれる大《だい》熾《し》盛光《じょうこう》法《ほう》が修せられた。東国で不穏な動きをしている尊氏を反乱者とみなして、その鎮圧のためにこの修法をおこなったのである。

ここまでくるともはや引き返すことはできなかった。一一月に入ると、急激に情勢は変化していく。二日には各地の武将にたいして、足利直義の軍勢催促状が発せられる。後醍醐は一二日に奥羽の北畠顕家を鎮守府将軍に任じ、鎌倉の尊氏軍に備えた。尊氏の義貞討伐の要求が届いた次の日の一九日には、尊良親王を名目上の大将とした新田義貞軍が鎌倉をめざして出発する。

攻防の激化

尊氏は、追討軍が関東に迫ってきても、まだ鎌倉の寺にこもって反旗をひるがえすかどうか迷っていた。業を煮やした直義が出陣したのであるが、直義が敗北したという知らせを聞いてようやく義貞軍との対決を決意するのである。

出陣した尊氏軍は箱根の竹の下で義貞軍を撃破して、敗走する義貞軍を追撃して次の年の正月一一日に京都に入り占拠した。後醍醐は東坂本に逃れたのであるが、入洛してきた尊氏軍を追走してきたのは奥羽の軍勢であった。建武政権のもっとも安定した支配地は、北畠顕家が中心となって経営をおこなってきた奥州であった。後醍醐は信頼する奥羽の大軍を呼び寄せて、再度京都を奪還しようとした。顕家は冬の奥羽で大軍を集めるのに数か月を要したが、一三三五年（建武二）暮、ようやく奥羽

足利氏関係図（数字は将軍就任の順位）

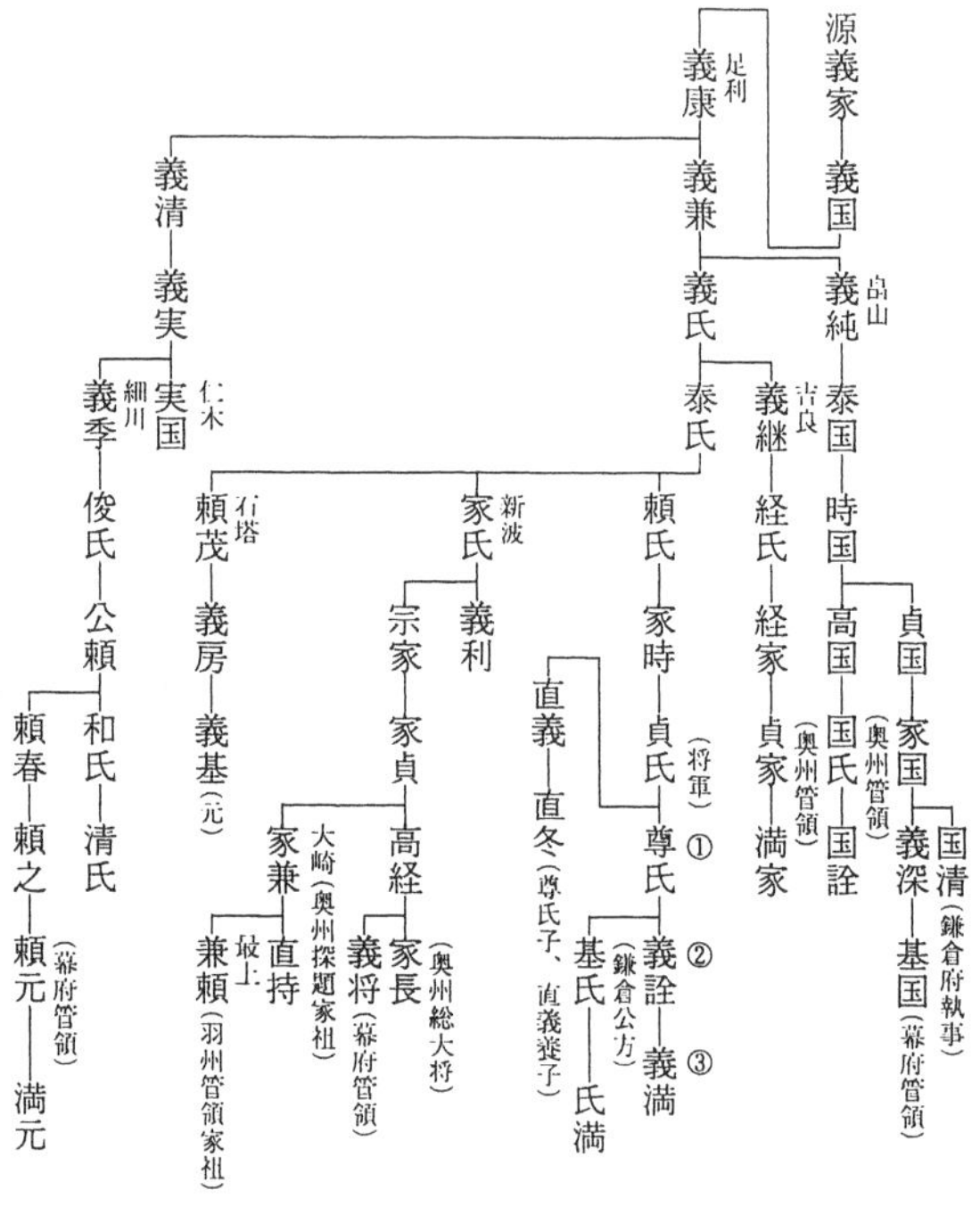

軍は京都への進軍をはじめ、次の年の正月に畿内に入ってきた。顕家が率いる奥羽軍が到着したことにより、後醍醐軍は息を吹き返し、奥羽軍の活躍により、後醍醐軍は再度京都を奪還する。

京都を追われた尊氏は、海路九州に下り、再起をはかろうとした。敗走する途中の兵庫で、元弘の乱で没収された武士の所領を返却する「元弘没収地返付令」を発して、建武政権に不満を持つ武士層・旧北条氏与党の武士を引きつけるための法令を発した。この法がその後に次第に効き目をあらわしていくのである。また、兵庫から船で九州に逃げ下るお

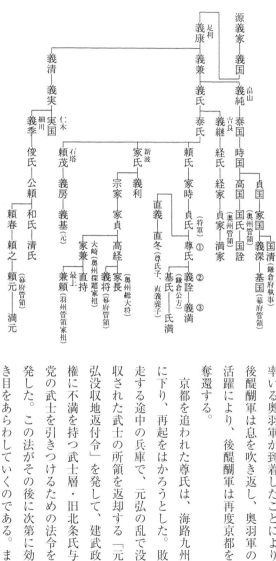

りに、密使を持明院統の光厳上皇のもとに送り、上皇の院宣を得て、朝敵の汚名をそそごうとした。その院宣が、もたらされたのは尊氏が備後の鞆津《とものつ》に到着した時であった。待ち望んでいた院宣であり、これにより、形式的には大覚寺統と持明院統の争いというかたちに争いが仕立て上げられ、「天下を君と君との御争に成し」たのである。

南北朝動乱へ

九州の筑前にいたった尊氏を迎えたのは少弐氏等の一部の豪族であり、菊池・阿蘇氏等の圧倒的多数は後醍醐方であった。一三三六年（建武三）三月二日に多々良浜において両者の決戦となったが、無勢の尊氏軍の勝利となり、情勢は大きく転換した。西国各地から続々と尊氏の軍に加わってきた武士層を率いて海陸の両方から四月二日に東上を開始した。

一方、京都の後醍醐軍の動きは緩慢であった。尊氏軍を九州に追った奥羽軍は帰還し、後醍醐方の大将に比定される新田義貞が将としての力量を発揮できないでいた。尊氏の上洛に際して後醍醐は急遽《きゅうきょ》義貞を兵庫に派遣するが、状況は芳しくなく、さらに楠木正成に加勢を要請する。この戦闘の結果は周知のように正成は湊川の合戦で敗死し、義貞は敗走したのである。五月二二日のことであった。

尊氏軍が迫ると後醍醐は比叡山に逃れ、そこの僧兵を頼みとしたが、六月から始まった山門攻めにより、後醍醐の頼みとする千種忠顕、名和長年、結城親光等が次々に戦死していった。だが山門の守りも堅く、なかなか落ちなかったが次第に足利軍が有利となっていったことにより、尊氏は一〇月に

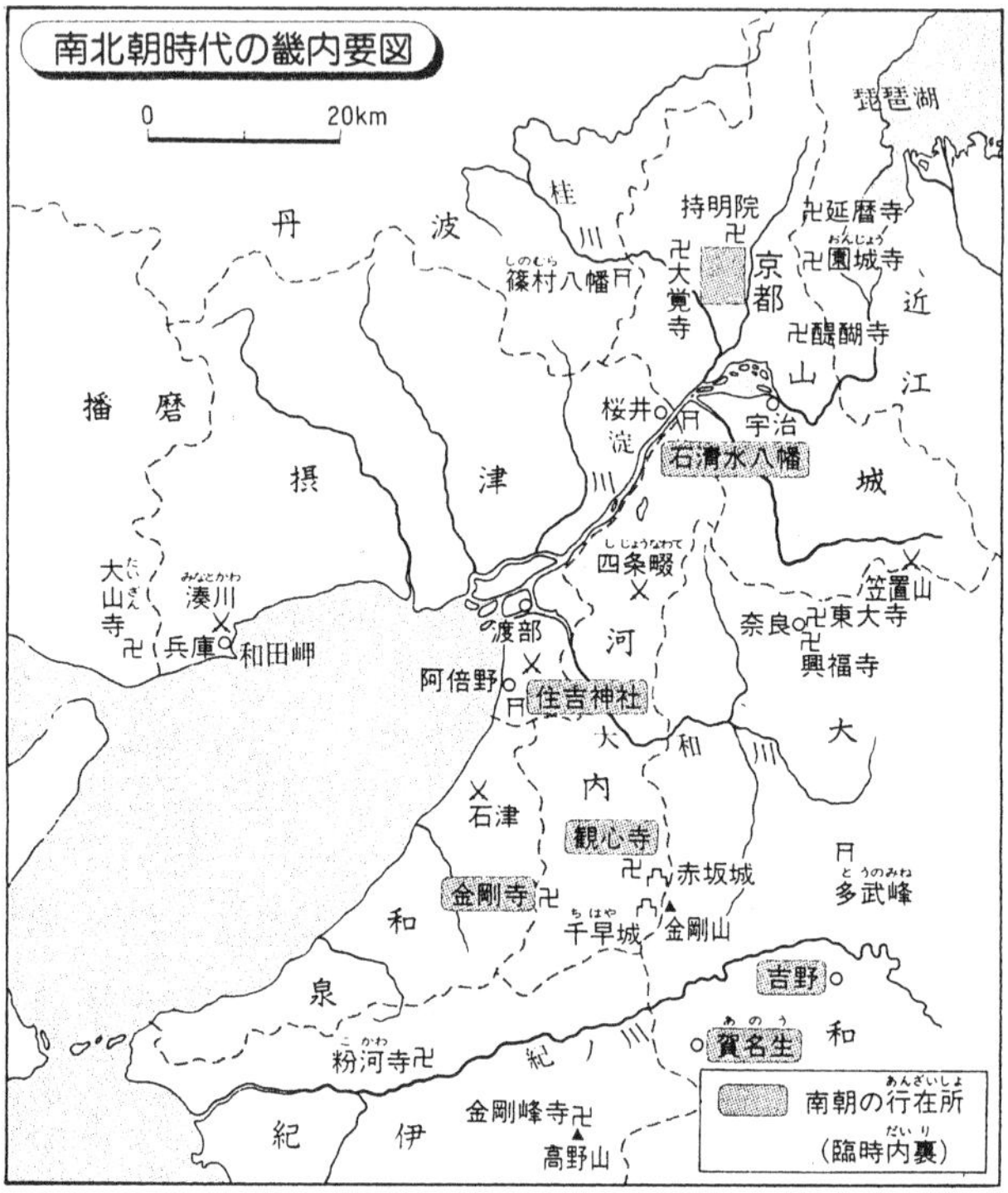
南北朝時代の畿内要図
0
20km
琵琶湖
桂川
持明院
延暦寺
大覚寺
京都
園城寺《おんじょう》
篠村《しのむら》八幡
丹波
醍醐寺
近江
山城
宇治
桜井
淀川
石清水八幡
播磨
摂津
四条畷《しじょうなわて》
笠置山
大山寺《たいさん》
湊川《みなとかわ》
奈良
東大寺
兵庫
和田岬
渡部
興福寺
阿倍野
住吉神社
河内
大和
石津
観心寺
赤坂城
多武峰《とうのみね》
金剛寺
千早《ちはや》城
金剛山
和泉
吉野
賀名生《あのう》
粉河《こかわ》寺
紀ノ川
金剛峰寺
高野山
紀伊
南朝の行在所《あんざいしょ》
(臨時内裏《だいり》)

『詳解日本史』三省堂より

使者を後醍醐のもとに送り、両統迭立を条件に後醍醐の京都への帰還を申し入れた。これにより後醍醐も帰洛するところとなったのである。

しかし、両統迭立の条件は形式的には整えられたが、守られるはずもなく、後醍醐は花山院に幽閉されたのである。これ以前、持明院統の花園、光厳上皇等は尊氏軍のもとに赴いており、光厳天皇の弟の光明天皇が即位した。この処置に後醍醐が大いに不満であったことはいうまでもなかった。一三三六年（建武三）一二月二一日、後醍醐は京都の幽閉所を出奔して、古代以来敗者が再起をはかってきた吉野に脱出した。ここに天皇家は南北に完全に分裂した。

動乱の世へ

南北両朝の成立

後醍醐が比叡山で降伏する直前、彼は東宮（皇太子）の恒良親王に新田義貞をつけて北陸方面に下したと諸歴史書は記している。その中でも『太平記』は、東宮に天子（天皇）の位を譲り、北国に下して、天下のことを大小となく義貞に任せたと述べていることにより、新田義貞が恒良を「天皇」に担いだ「王朝」が成立したとの見方もあり、この「王朝」を「幻の北陸王朝」などと呼んでいる。後醍醐としては、伊勢に下っていた北畠親房、北陸の義貞の両方から畿内の尊氏勢を牽制しようとした

南朝・北朝関係図

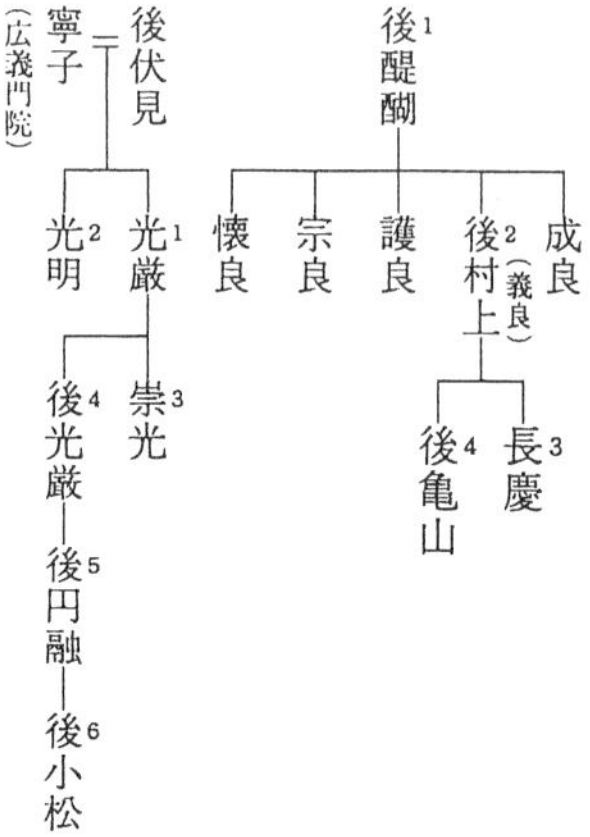

数字は各朝の即位順

ものであり、また遠くは奥羽を統括する北畠顕家勢の京都進軍を期待して配置したものであった。さらに懐良親王を九州に下して来るべき時に備えた。

後醍醐が吉野に出奔したのは伊勢の親房や、河内の楠木一族と連絡を取り合った上のことであるという。吉野は修験道の本拠地であり、金峰山を主峰とする山岳地帯であり、京都に対抗するためにはもっとも最適な地であった。また交通上からも要衝の場所であり、東は伊勢、西は高野山から紀伊、北西は楠木氏の本拠である河内・和泉、北は奈良盆地に簡単にいたることができる場所であった。

尊氏が合戦に勝利した理由の一つは持明院統を担いだことにあった。九州に逃げる途中で光厳上皇の院宣を得、さらに光厳の弟を光明天皇として即位させたことはすでに述べたが、『太平記』巻一九には、「この持明院殿ほど、大果報の人はいない、軍を一度も動かさないで、将軍より王位をいただいたのであるから」と、人々が噂をしているると書いているのである。

京都を占拠した尊氏は光厳上皇に院政を要望して、光厳院政が成立する。後醍醐天皇の親政から院政に再度転換したのである。そして、年号も後醍醐によって「延元」と改められていたのを「建武」

に復活させた。

足利幕府と足利兄弟

吉野に走った後醍醐はそこを本拠地にして王朝を置いた。この王朝を人々は南朝と呼び、京都の足利氏が擁立した持明院統の天皇を北朝と称して、以後六〇年近く続く動乱時代を南北朝時代と呼ぶのが普通である。だがこのような時代の呼び方は天皇家の分裂を中心とする名目上の呼称だけのことであり、実態は全国各地、社会の隅々、すべての人々を巻き込んだ歴史上まれにみる変動、深さ、深刻さをもった動乱であり、日本の社会が大きく転換していった動乱であった。

いうまでもなく足利幕府（室町幕府）の初代の将軍は足利尊氏である。足利氏は足利義康の子義兼からはじまる源氏の名門で、下野国足利荘を本拠地とし、上総・三河両国守護の大豪族であった。だが、得宗からはややもすると警戒心をもってみられていた。尊氏は妻に北条一族の執権北条守時の妹を迎えて北条氏と融和をはかっていたのであるが、「いずれは」という野心を持っていたであろうことは疑いないところである。この尊氏を助けたのが弟の直義である。

この二人の兄弟は母（上杉清子）は同じであるにもかかわらず、性格がまったく正反対であったといわれている。尊氏はかなり開けっ広げで、包容力があり、心が広い性格であり、人々を引きつける性格であったようであるが、一方で決断力がとぼしかったのではないかとの批評もある。しかし、決断力がなかったという点については、最終的に鎌倉幕府に反旗をひるがえしたのであるから当たらないと思う。

一方、尊氏と協力して幕府を樹立させた直義にたいしての世の批評は概して冷たい。『太平記』も彼のことをあまり良くは書いていない。ただ彼は政治家としての素質は秀でたものがあったことも事実である。さまざまな決断を要する面で常に尊氏をリードしたのは直義であるといわれている。そして律義で融通がきかず、頑固で冷徹な官僚的性格であったとされている。しかし、彼にたいして高い評価も存在している。廉直で私心がなく、政道の妨げになるようなことは一切しなかったというのである。

足利幕府が成立したのは、このような性格の異なる指導者がうまく噛み合い、機能したからであるとされている。一三三六年（建武三）一一月七日が、足利幕府の成立した日であるとみられている。この日に、足利幕府の基本的指針となる法律の「建武式目《けんむしきもく》」が発せられたのである。これ以前に後醍醐が拘束されて市中に軟禁され、光明天皇に「神器」が渡されており、名目上も形式が整えられていた。

建武式目について

幕府によって発布された「建武式目」は一七か条からなり、鎌倉幕府の「貞永式目」と比較したならば、三分の一の条文しかないが、その内容は動乱に関わる緊急的な条文が多い。この法令のもっとも特徴的な点は、法文の前に書かれている前文である。この前文によれば、尊氏・直義等は武家の本拠地である鎌倉に幕府を開くかどうかずいぶん迷ったようである。

前文で述べるところでは、「鎌倉は武家政治をおこなう上でもっとも適した地であるが、北条氏との関係で不吉なところでもあるとする意見もある。だが場所が悪いわけではなく、正しい政治さえおこなっていれば、場所はどこでもよく、人々が鎌倉以外を望めばそれに従うものである」としている。幕府開設の場所について鎌倉に尊氏等はかなり未練を持っていたのであるが、現実問題として、尊氏等に従っている武士の多くは畿内の武士層であり、ことに第一章でも述べたように、流通経済の発展により、京都がその中心となり、京都のそのような位置を無視しては政権がもたなかったのである。むしろ関東にこもってしまったならば流通経済等の発展によってあがる利益を後醍醐天皇方に握られて、鎌倉幕府の二の舞いになりかねないと判断したものと考えられる。ここに幕府の所在地を京都とすることに決定し、足利幕府が樹立された。

「建武式目」は、幕府の合法化を明示するもので、その中で旧鎌倉幕府の執権政治への復帰をめざしていたことは、「武家全盛の跡をおい」、「義時・泰時父子の行状をもって近代の師」としていることから明らかである。その具体的内容は、倹約令や賄賂の禁止・女性等の政治介入禁止等の幕府内部の秩序にかかわる条文、洛中を対象とした私宅没収等の狼藉禁止・検断等の法律、有能な守護等の任用や、守護の行為にかかわるもの、寺社の特権否定や貧者・民衆の訴えにかんする法文が主たるものである。

新田義貞と北畠顕家の戦死

東宮恒良親王とともに北陸越前に下った新田義貞はどうなったのであろうか。義貞も源氏の流れを汲む源氏の嫡流であり、足利尊氏のライバルとみなされていたが、鎌倉時代においては新田氏は足利氏よりかなり格下にみられていた。また、鎌倉攻略の第一の殊勲者であった義貞であったが、建武政権下においても恩賞は尊氏の方が格段に上であった。義貞も動乱渦中においてそれなりに頑張ったのであるが、武将としての才能は尊氏の方が優れていたといわざるをえない。尊氏が九州から上洛したおりには如実にそれがあらわれているといえる。

北陸に下向した義貞は、三方が敦賀湾に突き出た越前国金ケ崎城にこもったが、三か月にわたる高師泰軍等との攻防の末に落城させられ、恒良親王等は自害した。義貞はからくもそこを脱出した。その後北陸を転戦し、一時越前国府を奪還して意気があがったが、藤島城を攻撃した際、敵の流れ矢に当たり、あっけなく戦死してしまった。当時の多くの史書は義貞の戦死を冷たく扱い、『太平記』は彼の死を「犬死」と酷評している。

北畠顕家も獅子奮迅の活躍をみせた。奥羽の大軍を率いた第一次の上洛で勝利をえ、尊氏を九州に追った顕家軍も、奥羽に意気揚々と凱旋してみると意外な状況が待っていた。後醍醐が吉野に逃れて南朝を開き、京都で足利幕府が成立すると、奥羽の勢力関係も逆転して、足利軍が次第に有利になっていった。足利軍が国府の多賀城に迫ってきた中、国府を捨てて、南方に移動して、攻めるに難しく、守るに易い天然の要害である霊山《りょうぜん》に立て籠った。

足下に敵軍が迫っている顕家にたいして後醍醐からは、奥羽の大軍を率いて再上洛することの要請が次々に届き、それに抗しきれなくなった顕家は一三三七年（延元二、建武四）八月一一日に霊山を出発したのであるが、前途は多難であった。鎌倉まで進軍するのに四か月もかかったが、次の年の正月京都をめざして進軍をはじめると各地で足利軍を破り、二八日には美濃の「青野ヶ原」（後の関ヶ原）で高師冬を大将とする足利軍に大勝すると伊勢に軍を進め、伊賀から奈良をへて京都に進軍しようとしたが、奈良で足利軍に敗北して河内に逃れ、和泉堺浦で大敗北をきっし、阿倍野で戦死した。彼はわずか二一歳であった。

後醍醐天皇の死

顕家は敗死する一週間前に、後醍醐のおこなった政治の欠陥を七か条に認めて送ったことはすでに述べたが、もはや如何ともしがたかった。後醍醐は、顕家・義貞の戦死した後に、奥州には顕家の弟顕信、東海・信濃地方には宗良親王、九州には懐良親王を下向させて退勢を挽回しようとしたが、はかばかしい進展をみせなかった。後に九州で懐良が奮闘して、一時期南朝（征西府）の隆盛をみたのみであった。

一三三九年（延元四、暦応二）八月、後醍醐天皇は失意のうちに病をえた。一六日に五二歳で死去したのであるが、その前日に奥羽に一時存在していた義良親王が後村上天皇として即位していた。後醍醐の思いは京都の空にあった。『太平記』は後醍醐の思いを「朝敵をことごとく亡して、四海を太平ならしめんと思ふばかりなり、……玉骨（後醍醐の遺骨）はたとい南山（吉野）の苔《こけ》にうずもるとも魂魄《こんぱく》は常に北闕《ほっけつ》（京都）の天を望まんと思ふ。もし命を背き義を軽んぜば、君も継体の君にあらず、臣も忠烈の臣にあらじ、と委細に綸言を残されて、左の御手に法華経の五巻を持せ給、右の御手には御剣を按て、八月十六日の丑刻についに崩御なりけり」と記述している。

後醍醐天皇の心は京都の空を飛びながら、遺体は野辺の煙と化し、遺骨は南山の苔にうずもれたのである。波乱の生涯であった。

終章　変転する建武政権の評価

「悪王」から「聖帝」へ

後醍醐を見る目

後醍醐天皇がおこなった政治が当時の人々にきわめて評判が悪かったことは『太平記』のいたるところに記載されている。その序文で、徳が欠ける時は、位があるといってももたないとして、中国の例を出している。そして巻一の最初の出だしから後醍醐天皇は「君の徳」に背いたと断じている。『太平記』は天皇支配や公家が衰えていったのは後醍醐の政治のせいであるとも述べているのである。

すでに述べたように、後醍醐は従来の朝廷政治や公家社会の先例に背く数々の行為をなしたのである。後醍醐もそれを十分に心得ており、「今の例は昔の新儀なり、朕が新儀は未来の先例たるべし」（『梅松論』）と豪語して伝統的な王朝政治のあり方を打破していくのである。このため当時の公家等からは後醍醐の政治を「物狂の沙汰」などと呼ばれてしまうのである。散々な悪評であった。この時代における「悪王」としての後醍醐については、前にもふれているのでこれ以上書くまい。

近世においても基本的には同様な評価であった。近世に成立した歴史書のいくつかを取り上げてみておこう。『読史余論《とくしよろん》』は新井白石の書いた有名な史書である。白石は儒学者であり、徳川幕府六代将軍家宣を補佐した政治顧問であった。この書は徳川幕府が成立してきた過程を論述して、幕府の歴史的位置を明確にするという問題意識のうえにたって書かれている。この書は中世の歴史書と異なって、歴史の推移・発展・変化に注目して、時代区分をおこなっていることに特徴がある。もちろん徳川幕府の正当性を論及するという問題意識のもとに叙述されていることはいうまでもないことである。

この書は「天下の大勢、九変して武家の代となり、武家の代また五変して当代におよぶ」との大きな見通しにたっているのであるが、建武政権を「八変」とし、南北朝時代を「九変」（古代以来の王朝の滅亡）と位置づけて、この時代を「武家の代」への大きな転換期とみなしているのである。そして、後醍醐について「後醍醐不徳にておはしけれども、北条が代のほろぶべき時にあはせ給ひしかば、しばしが程は中興の業を起させ給ひしかど、やがて又天下みだれて、つひに南山にのがれ給ひき」と述べており、後醍醐天皇が徳を欠いていたと断じているのである。

幕府によって編集された編年体の『本朝通鑑《ほんちょうつがん》』も、後醍醐の業績については冷淡であるし、幕末に頼山陽によって記された『日本政記』にも、後醍醐を批判する記載がみられる。水戸学の豊田天功の『中興新書』にも、「後醍醐不徳にして、賢才を用ゆることあたわず、政道時宜にそむく」とあり、水戸学の本拠である彰考館総裁を務めた豊田さえ後醍醐の不徳を論じているのである。

後醍醐天皇だけでなく、楠木正成も室町時代には厳しい評価が下されていた。正成は「朝敵」とみなされていた。たとえば、『看聞日記《かんもんにっき》』という当時の天皇の父親が書いた日記が残されているが、そこに正成の子孫が起こした蜂起・挙兵が鎮圧されたことについて「朝敵ことごとく滅亡す、天下の大慶、珍重きわまりなし」と記載されている。また『碧山日録《へきざんにちろく》』という書物にも「積悪の報い」などと書かれている。楠木一族が南朝に忠誠をつくしたことより、このような評価をされることは当然といえば当然であるが。なお、楠木一族の評価は江戸時代には変化していく。

南朝正統論の台頭

後醍醐の評判の悪さの一方で新たな論点が起こってきた。それは歴史を叙述するうえで南朝と北朝のどちらを正統とみなすかという問題であった。水戸光圀が『大日本史』を編集するおりに、皇統の正閏《せいじゅん》が問題とされたのである。

光圀は紀伝体（歴代天皇の編年記録と、臣下の伝記によって構成される）を用いて『大日本史』を編集したが、その書は君臣・上下の秩序を重視する名分論を重視した。そこで問題となったのが南北朝時代の皇統である。光圀はあえて南朝を正統とし、北朝を偽朝と断定しようとしたが、当時の天皇が北朝の末裔《まつえい》であることにより妥協して、北朝の天皇の即位のみを認めるという編集になったのである。

水戸学は「新田流と称する徳川幕府」の正当化のためにあえて南朝を正統としたものの、後醍醐天皇のおこなった政治そのものの評価はきわめて低く、『大日本史』の編纂の中心となった安積澹泊《あさかたんぱく》さえ、後醍醐天皇を批判する立場をとっており、幕末においてさえ同様な評価をしていた豊田天功のことはすでに述べた。

このような中で「王政復古」（明治維新）がなされた。明治維新がなされても後醍醐天皇の評価は変わらなかった。岩倉具視は「聖徳に関する上書」で、後醍醐についてその政治は正しくなく、ほとんど別人のようになり、士民の憤怒を買ったために吉野に逃れるという辱めを受けたと述べているのである。この段階における南朝正統論も「天皇絶対」という立場をとるものではなく、いまだ後醍醐は「悪王」であった。

南北朝正閏論から皇国史観へ

後醍醐天皇への評価が大きく変わっていったのは南北朝正閏論問題が起こってからである。幕末の水戸学の中に君臣の名分論に立って「天皇絶対」を唱えるものも出はじめており、それが倒幕・尊皇攘夷運動に結びついていったことは周知の事実である。しかし、明治前半の歴史学界の大勢は、当時の実証史学の上に立って南北両朝の並立と考える歴史学者が多かった。だが南北朝正閏問題から「後醍醐天皇賛美の南朝正統論」へ、さらに皇国史観へと推移して、実証史学はつぶされていくのである。

南北朝正閏論問題は歴史教育の世界から発生してきた。大逆事件が起こった直後の、一九一一年（明治四四）一月に、東京の小学校校長峰間信吉なるものが、国定教科書（教師用）に、南北朝の正閏を顚倒せしめる文があるとして、読売新聞に寄稿したことからこの問題が始まった。これは、前年の秋に文部省が開催した中等教育講習会における喜田貞吉の、南北朝対立を述べた発言への不満がきっかけであったという。

藤沢元造なる代議士がこれを取り上げて、「日本歴史の順逆を誤らせて、皇室の尊厳を傷つける」といって、議会で質問すると称して桂内閣に揺さぶりをかけたのである。ここに国体をめぐる大政治問題となり、内閣の命取りになりかねない事件となった。桂は藤沢代議士を懐柔し、喜田貞吉を休職、教科書の改定でことをおさめ、天皇の「勅裁」によって南朝を正統としたのである。

ここに「ついに後醍醐天皇の偉大なる御人格によって、天皇新政の大御代はここに実現することを得た。天皇親政の実現、これこそは数百年の間踏み迷って来た国体を正しい道に引戻したものであり、我が日本は真の姿を現して更生したのである」（黒板勝美『国史の研究』）とするような論調が跋扈《ばっこ》するようになっていった。「聖帝」後醍醐天皇が登場してきたのである。

建武政権は「建武中興」と称され、南北朝時代は「吉野朝時代」と改名される事態となった。南北朝時代の実証研究は困難をきわめ、良心的学者の苦痛の時期となり、「建武中興」と後醍醐を賛美した、学問を離れた独善的な「歴史」である皇国史観にいたるのである。これ以後「国体」・「中興」・「忠義」・「忠臣」・「逆臣」・「名分」・「臣民」・「神国」等の「歴史用語」がかっ歩し、近代天皇制国家の国民支配のイデオロギー装置として、後醍醐天皇・建武政権は大活用されるのであるが、ここではこれ以上は言及しない。

王権の性格をめぐって

領主制と武人政権

筆者のような年代からみると、南北朝動乱研究といえば、敗戦直後に記された、松本新八郎氏の「南北朝内乱の諸前提」、「南北朝の内乱」という論文が最初に頭にうかぶ。このころの歴史学の研究者は「革命」と「人民の役割」等に大きな関心を示し、その問題を研究の課題としてとらえていた。松本氏の論文は「南北朝内乱封建革命説」と呼ばれて大きな影響を与えた。また中世社会を封建社会とみなして、その支配の特質を「領主制」と呼び、それは領主階級が農民（農奴）を支配する土地所有の形態であり、経済外強制をおこなうための支配のあり方であったとする歴史理論も大いに持てはやされた。「南北朝内乱革命説」も「領主制」理論も、革命的な歴史の進歩の理論を提起することにより、積極的に当時の課題に対応しようとしたのである。

戦後の歴史学は「進歩」という観点を基準にして歴史をみて、その時代の歴史像・時代像をつくりあげてきた。このような視点は基本的には現在も変化していない。しかし何を進歩とみなすかという点に変化がみられる。

日本中世史研究においては、武士の支配を領主制と規定して、鎌倉幕府の成立を歴史の進歩と評価し、古代の奴隷制と異なる発展した段階とみなした。そして幕府・武士層を歴史を推し進める進歩の立場に立つ勢力とみなしたのである。

戦前の天皇制による支配、「聖帝」イデオロギーへの強い批判・反発から、天皇を中心とする朝廷政治に代わって鎌倉幕府が「全国を支配し始めたこと」の意義を強調したのである。そのため戦後の歴史研究者は幕府や領主制研究に力をそそぎ、公家政治や天皇制についての研究には目が向かない期間が長く続いた。

戦後の一時期、「建武中興」などという「言葉」は聞くのも嫌だというような雰囲気もあり、建武政権は復古反動政権として位置づけられ、また中世天皇制の研究はきわめて軽んじられていた。その一方で武門にたいする批判は弱かった。だが、次第に武士支配の実態が明らかになっていくにつれて、そのもっている暴力的、非人間的側面が明らかになり、幕府のような武人政権を進歩的・革命的とみなすような考え方に批判もなされるようになっていった。

中世の武人政権＝幕府を近代の軍国主義の源流とみなす考え方も提起されており、むき出しの暴力集団である近代の日本軍隊の源流、日本人の暴力にたいする意識の源流を探ろうとする研究動向も顕著になっている。

建武政権への注目

建武政権が脚光をあびはじめたのは、一九六三年、黒田俊雄氏が「中世の国家と天皇」（『岩波講座日本歴史』六)なる論文を発表して以後のことである。さらに一九六五年、佐藤進一氏が『南北朝の動乱』を刊行し、この中で建武政権を宋朝をまねした天皇独裁政権と規定したことによりきわめて注目されるようになっていった。

佐藤氏の著書と、後醍醐が天皇専制(独裁)政権をめざしたという点についてはたびたび引用してきた。だが黒田氏の論文についてはふれなかったので少しみておこう。黒田氏の考え方は、公家武家ともに封建領主階級であり、対立・抗争を繰り広げていたようにみえるが、両者は根本的に対立するものではなかったとした上で(もちろん武士勢力を進歩的・革命的とはみなしていない)、公家と武家は協調し、各権門(権門とは天皇・院、有力公家、幕府、有力寺社を指す)が相互に補完し合いながら任務を分担し、国家権力を構成して人々を支配していたとする。そして、このような国家を権門体制国家、支配の体制を権門体制《けんもんたいせい》と呼ぶとしているのである。各権門の国政にかんする大ざっぱな役割分担は、公家は文官として政務をおこなうという役割、武家は軍事・警察権等を担い、寺社はイデオロギー的側面を担当していたという。このような体制は基本的に室町期まで続いたとされている。

建武政権はこのような国家体制の中でどのように位置づけられていたかといえば、建武政権は個々の権門を超越した権力を確立し、王(天皇)に権力を集中する封建王政を志向したとしている。しかし、この政権は権門体制を克服できずに滅亡していったとしているのである。

この両者の研究が世に出た以後、建武政権は注目を集めるようになり、権力の性格、政策、歴史的評価等についてさまざまな見解がなされるようになった。この政権を「復古・反動政権」とみなす評価もなされたりしたが、最近では後醍醐天皇のことを「異形の王権」などと規定した網野善彦氏の研究が注目され、評判をよんだ。

君主独裁とはどのような権力か

佐藤氏は「独裁王権」の確立を志向したとし、黒田氏は「封建王政」をめざしたと述べているが、天皇中心の強力な王権を確立しようとしたという点では一致している。

後醍醐天皇が「悪王」で、「徳を欠く」との評価が定着した要因は、強力な王権を打ち立てようとしたところにあった。強力な王権を造りあげるために、従来から続いてきた慣例、秩序等を無視して、従来の日本にはなかった天皇を中心とする新しい秩序、すなわち天皇専制体制（独裁）を構築しようとしたところにあった。

佐藤氏は後醍醐天皇によってなされた権力行使のあり方を「綸旨万能」と表現した。綸旨とは天皇の命令を伝える文書である。佐藤氏は「彼の綸旨絶対の主張は異常なまでに強固であって、従来は綸旨を与えられる資格のなかったような下級の武士まで綸旨を交付したり、本来蔵人の書くべき綸旨を全文自分で書いたりするほどであった」という。そして、恩賞の申請者や所領の訴訟人、所領の安堵をえようとする人々が京都に殺到したために、後醍醐がいくら政務に励んでも、膨大な裁判量のために政務が停滞したと述べているのである。

「綸旨万能」という建武政権の性格規定は、後醍醐がすべて何事も一人で決定し、政治をおこなったという極端な独裁イメージとなってしまった。だが、君主専制（独裁）とは、何事も君主が一人でおこなうということではなかった。

中国の宋代以後の君主（皇帝）独裁は、皇帝個人がすべてを独裁的におこなう政治体制ではなく、政治制度としての君主（皇帝）独裁体制であった。君主（皇帝）に独裁をおこなう能力がなくても、制度によって独裁権を行使することができるという体制である。宋には職掌の似た官職が置かれていた。その例として、中央においては宰相、副宰相が複数任命されたり、地方の州に長官である知州《ちしゅう》と少し位の低い通判《つうはん》が置かれたことが知られている。すなわち、できるだけ多くの統治機関を直接皇帝の指揮下に置き、最後の決済を君主がおこなうこと、つまり国家機能を君主一人が掌握することが君主（皇帝）独裁の特徴であったとされている。

このような問題と関連して、次に少し東アジア世界の政治の動きをみてみよう。

東アジア世界の中の建武政権

中国の政治変動

このころにおける東アジア世界の中の貨幣経済や流通の発展はすでに述べた。しかし政治についてはあまりふれなかった。そこで東アジアの政治の世界はどのようなものであったのであろうかみてみよう。日本の西側地域には、高麗、南宋、金、元、遼等の諸国が東シナ海や日本海に面して建国されていた。それぞれの国家間には経済的、文化的な交流が深かった。だが相互の国家間においては、政治的にきわめて厳しい緊張関係が続いていたのである。以下建武政権成立前後のそれら諸国や諸国間の政治的動きをみながら、日本への影響を考えてみよう。

中国本土においては五代十国時代を経て、九六〇年に宋が建国された。この時代に南海方面から経済発展が始まったことは最初に述べたとおりである。この国家は、唐末五代の戦乱の後に建国されたのであるが、騒乱の元凶である武人を押さえ、皇帝を中心とする皇帝専制（独裁）の支配制度を特色とした王朝であった。士大夫《したいふ》（文人官僚）を中核とする官僚制によって国家運営がなされており、科《か》挙《きょ》（官吏登用試験）によって、優秀な人材を確保して官僚となし、いわゆる文官を中心とする文治政治をおこなっていた国家であったといえる。中央の主な官庁は民政を主とする中書省《ちゅうしょしょう》、財政担当の三《さん》司《し》、軍政担当の枢密院《すうみついん》があり、さらに監察機関である御史台《ぎょしだい》が置かれた。そしてその上に皇帝が乗っかって、専制権力を掌握し、最終決定権は皇帝が完全に握っているという権力の形態であった。

宋は金に圧迫されて、一一二七年に杭州臨安に都を移した。淮水以南を支配地域とするこれから以後の宋を南宋と呼んでいる。日本と南宋の交流は盛んであった。一三世紀の日宋間には多くの商船が行き来して膨大な物資がもたらされたのであるが、物資だけでなく文化・思想等が当時の知識人の中に入っていった。五山や五山文学でよく知られている禅宗、江戸時代の支配思想となった朱子学等が有名である。朱子学はこのころは宋学と呼ばれていたが、君臣名分論にたち、宋の朱熹によって唱えられた宋学が日本にもたらされて、建武政権の成立に大きな役割を演じたのである。後醍醐はこの思想を熱心に学んだ。

金も中華帝国をまねして、中書・門下・尚書の三省を置いて、官僚制を整えて皇帝中心の国家体制を造って支配していた。だが、北方の金や南宋も滅び、元の時代となるのであるが、民間での交易等は相変わらず盛んであった。元は国家を維持するために、強力な軍事力を維持するとともに、流通経済を重視して、自由貿易・通商振興策に力を入れた。

だが、元は軍事力や経済的な力のみで国家を維持していたのではない。従来の中国王朝が支配の支柱としていた中央集権体制と官僚機構を取り入れ、その機構を通して支配を展開したのである。中央の権力機関を中書省（行政）、枢密院（軍事）、御史台（監察）にわけ、地方を一一〜一二大地域にわけて広域的な行中書省（行省）を置いて支配し、その下に州・県等を置いた。しかし、支配機構の基本は従来の中華帝国の形態を踏襲するものであった。

朝鮮と日本周辺地域の動き

朝鮮の高麗王朝が樹立されたのは九一八年のことであった。高麗は周辺の強国に翻弄されながらも、独自な歩みを続けていた。高麗も宋の支配体制を模倣して、豪族層を中心とする官僚制を政治運営の中心にすえたのであるが、豪族層の派閥抗争も激しかった。このような状況の中で、武臣が台頭してきて、多くの私兵を擁した崔《さい》氏が一時権力を掌握したが、朝鮮への元の襲撃が続く中、高麗王朝は元に屈伏した。

しかし元が北方に退くと、高麗王朝内部で親元派と反元派に分かれて抗争が起こり、さらに李成桂《りせいけい》という武将が台頭してきて国政の実権を握り、さらに王位を奪って国号を朝鮮と改めた。一三九二年のことである。

朝鮮の統治体制は高麗時代のものを多く引き継いだ。たとえば、中央は行政（門下省）・財政（三司）・軍事（中枢院）というように、権限を分散させ、これらの機関の高官によって構成される都評議使司（議政府）が設置された。この機関が合議によって国政を運営する体制であった。しかし、次第に王権が強化され、都評議使司の権限を縮小する措置がとられていった。

琉球は一二世紀に、グスク時代（グスクとは沖縄の城の遺構のこと）と呼ばれる時期となり、一四世紀初頭には三山時代となり、琉球統一に向かいはじめていた。北辺の世界の動きも活発であった。アイヌ民族がきわめて活発な活動を示していた。『日蓮聖人遺文』には一二六八年（文永五）に、蝦夷の蜂起があったことを伝えている。アイヌ民族は国家を樹立しなかったが、北海道・千島・樺太（サハリン）・沿海州等にまたがって、海洋狩猟民族として発展しはじめていた。アイヌ民族と鎌倉幕府の出先機関（蝦夷管領代官職）との間に抗争が生じはじめたのである。これらの地域については第一章でもふれた。

東南アジアの政治も激しく動いていた。この時代の東アジア世界の政治体制は概《おおむ》ね、強弱はあれ皇帝専制（独裁）的な支配体制であり、官僚を中心とした文人（文治）政治であったといえよう。

このような中で日本においても、鎌倉幕府が滅び、従来の王朝国家につながる建武政権が成立した。建武政権の成立、南北朝動乱は東アジア世界の激動と密接に関連したものであった。

宋・元と建武政権

鎌倉幕府の滅亡、建武政権の成立は、東アジア世界の経済・流通の発展と深くかかわるものであったことはすでに述べた。建武政権の政治や権力機構と東アジア世界のかかわりはどうであったであろうか。後醍醐が宋学を深く学んでいたと述べたが、宋学は君臣名分論に立った学問で、宋朝の皇帝専制（独裁）体制を維持するためのイデオロギーであったことが知られている。後醍醐がこの思想に深い関心を示したのは何を意図していたか明らかであろう。

佐藤進一氏は名著『南北朝の動乱』において、「宋朝において顕著な発達をとげた君主独裁制、これがかれの政治体制の原形であった」と断定している。後醍醐のめざした支配体制が基本的には天皇専制（独裁）体制を構築しようとしたことは疑いない。文人政治を基礎とするこのような支配体制は東アジア世界においては一般的な形態であり、日本の武人（武士）による政治、幕府支配はむしろ特殊な権力形態であったといえる。

日本を東アジア世界の特殊な国家体制から、普遍的な権力形態にもっていこうとしたことは事実であろう。後醍醐は議政官会議（大臣、大・中納言等によって構成されている）を無力化して、大臣等を法曹官僚等に任命したりして、次第に専制体制を強めていったことはすでにみたとおりである。

また地方に鎌倉将軍府や陸奥国府等の地方広域行政府を置いたのであるが、このような地方機関と似たような行政府が南宋にも存在しており、金との境界領域に置かれた総領所などがそれである。また元は一一～一二の広い行政府を置いたことも知られている。さらに建武政権は国司・守護を併任したのであるが、この制度も宋の地方制度に酷似しているといわれる。

異形の天皇とチベット仏教

ところで密教の法服を着た異様な雰囲気の後醍醐の肖像画が存在しているが、この画像をもって、後醍醐のことを異形の王権と呼び、奇怪な天皇として位置づけ、建武政権は何やらえたいの知れない異様な政権であったようにみる向きもある。だが、このような後醍醐の行動も、実は元王朝の影響を受けているのではないかとの説が提起されている。

当時の元王朝の宮廷に濃密な影を落としていたのはチベット仏教で、フビライ家はチベット仏教に耽溺《たんでき》していたという。後醍醐がさかんにおこなった「金輪の法」の祈禱も、象頭人身の男女が和合する大聖歓喜天の秘儀もチベット仏教のそれに異ならないとされている。また後醍醐と深い関係にあった律僧文観《もんかん》の教義や立川流神道もチベット仏教と共通しているという。このような点から、後醍醐はモンゴル時代の国家体制や宮廷文化の影響を受け、その影響のもとに、巨大な王権と天皇専制体制の構築を試みた可能性が強いとの推定もなされている。

士大夫と封建領主

後醍醐は宋・元等の影響を受けて、君主専制（独裁）体制を志向していたのである。彼の意図したところは、非人格的な統治機関を整備して、天皇がそれらの機関を個別的に統括して、専制政治をおこなうところにあった。後醍醐は裁判にかかわるような機関として、雑訴決断所と記録所の二つを設置し、軍事・警察権等にかかわる機関として武者所、窪所の二つが置かれたことが知られている。その他にも同格の権限を持った組織がある。後醍醐はほぼ同格の権限を持つ複数の機関を設置し、それらを競合させ、彼が個別にこれらの統治機関を掌握することによって専制体制を確立しようとした。まさに宋をまねしたのである。しかし、このような複数機関の設置は混乱を招くだけでもあった。

後醍醐が中国的な君主独裁・専制体制を確立しようとしていたことは疑いないところである。だが、後醍醐のこのような夢を阻むものが日本に存在していた。日本と中国では大きく異なっている点があった。それは当時の日本社会と中国社会との相違であり、支配のあり方の違いである。

中国では唐が滅亡したことにより、貴族層が消滅したとされている。また五代十国時代をとおして地方に強大な権力を打ち立てていた武人の節度使も消えていった。宋代の権力基盤となったのは士大夫と呼ばれる人々であった。彼等は新興の地主層であり、教養豊かな文人官僚を送り出す母体であった。そしてその文人官僚は科挙と呼ばれる試験制度によって選ばれ、君主独裁の中核となっていったのである。

一方、日本はどうであろうか。鎌倉時代の日本には明らかに二つの政権が存在していた。京都に公家（貴族）を中心とする公家政権、鎌倉に武家の鎌倉幕府が存在していた。この両政権が協力し合いながら中世国家を形成していたのである。公家政権は平安時代の王朝政権から変質してきたのであるが、内部の権力構成や政治等はやや複雑で、院（上皇）中心の院政がおこなわれたり、天皇を中心とした親政がおこなわれたりしていたが、鎌倉後半期から政治改革がおこなわれて、次第に「治天」（院政の場合は院、親政の場合は天皇）を中心とした、主従性をともなった権力に変化していった。天皇も公家も膨大な荘園を所有する封建領主であった。

武家は領主制を展開する封建領主であり、強力な武力でもって公家政権を圧倒するような支配をおこなっていた。彼等は幕府に結集していたが、その幕府は整備された権力機構であり、典型的な武人政権であった。彼等も荘園を所有するものもあったが、その多くは地頭として全国の荘園に配置されていた。そして次第に公家の支配を凌駕《りょうが》していき、室町期にいたれば、地方の国人《こくじん》と呼ばれる武士層によって、一円的所領（所領を一つの地域に集中して、主従制によって支配された所領）が形成されて封建的ヒエラルヒーによった所領支配が出現するのである。

このように日本は地主的な支配ではなく、公家・武家という封建領主によって支配されていたのである。なぜ日本は他の東アジア諸国と異なって武人（武士）による政権、武人による国家権力の掌握にいたったのかという点についてはここでは言及しないが、中世の成立期を研究している研究者によれば、未開社会であった当時の日本に、大陸の先進文明が急激に入ってきたことにより、各地で紛争が多発したとみなしている。そのため紛争を解決するために武力を持った「紛争請負人」が多く登場し、そして彼らが武士＝武人になっていったとされている。そして彼らが次第に成長して幕府を開いたというのである。

封建王政への志向

日本と中国の相違は明らかである。中国は地主出身のものが科挙の選抜を経て文人官僚となっていったのであるが、日本の場合は、公家も武家もともに封建領主階級であり、官僚制は発達していなかった。官僚に擬せられるものが律令官制体系の中に存在するが、中世の公家政権にいたれば衰退し、有力公家によって構成されている議政官会議によって政務の運営がなされていた。

後醍醐天皇その人も膨大な荘園を所有する大封建領主であった。中世の土地所有制度は荘園公領制と呼ばれており、この土地制度の性格は封建的大土地所有制度であるとされている。後醍醐は大覚寺統系の荘園群を引き継ぎ、最大の荘園所有者であった。

封建領主の支配によって政治や経済、社会が構成されているところに、後醍醐は中国型の君主専制（独裁）の権力形態を構築しようとしたのである。封建領主階級が存在するということは、分権的な志向が強いということである。また権力の中軸となるべき官僚層もほとんど存在していなかった。ここに建武政権の無理があった。公武の対立意識が強いのにもかかわらず、強引に「公武一統」を進め、中央集権国家体制を確立しようとし、官僚層をつくりだそうとしたことにそれがみられる。その無理は後に「物狂の沙汰」と称されたりするのである。

後醍醐の主観としては宋朝型の君主独裁＝天皇専制の政治を夢見たのではないかと思うが、天皇に権力を集中させようとしたことは、日本の支配者が封建領主層によって構成されていることより、客観的にみたならば、封建王政を志向したとみなす以外ないであろう。志向は志向であって、封建王政を成立させたわけではなかった。わずか三年弱で建武政権はつぶれ、動乱の社会に入っていく。南北朝動乱が終結した直後の政権である義満政権も封建王政を志向したが、この政権も封建王政を確立するまでにはいたらなかった。以後武人による政権が明治維新まで続くが、見方によっては日本軍国主義が跋扈《ばっこ》した一九四五年まで武人が権力を掌握していたとみなすこともできる。

それにしても幕府＝武人政権を嫌悪し、中国の制度・文化等の導入を夢見て失敗した後醍醐天皇を、「神国」日本の「聖帝」として担いで皇国史観となし、それを支配イデオロギーの一つとして公教育を通して国民に浸透させていった近代天皇制国家が、軍隊を中国・朝鮮をはじめとした東アジア諸国に派遣し、侵略し、蹂躙し、殺戮を繰り返し、多くの女性を陵辱《りょうじょく》したのは、東アジア世界の人々には申しわけない歴史の「皮肉」であり、中国の文化や制度にあこがれていた後醍醐天皇がまったく予想もしなかった歴史の「結末」であった。

おわりに

この十数年、学会の研究潮流に乗って、筆者も中世天皇制について考えてきた。諸氏の研究に導かれながら、南北朝動乱期前後の歴史像を組み立ててきた。

歴史の研究は何のためにするかということを考えない歴史研究者はいないと思う。歴史の史実を探究し、究明し、事実を確定していくことがもっとも基本的・基礎的な歴史研究者の仕事である。歴史事実を確定するといっても、もちろんそれは相対的なものである。毎日膨大な史料と取り組んでおこなうこのような作業は、歴史研究者にとってもっとも大切な作業である。だが、歴史の研究はこれだけではない。

いうまでもないことであるが、自分が研究している時代の時代像・歴史像を提示することも大きな仕事の一つである。歴史像をつくるために、膨大な史料を収集して、取捨選択し、確定した事実に一定の評価を加えていくという作業を続ける。取捨選択や歴史的評価等は研究者自身の歴史をみる目、すなわち史観・思想が基準となっている。そして、史的評価は当然のこととして、科学的な論理と手続きにもとづき、法則性や因果関係等を十分検討してなされなければならない。研究者の責任においいて提起された歴史像は、人々に語りかけるところとなり、大仰にいえば、未来を洞察する手段ともなるのである。

ところが、法則性や因果関係等を重視する戦後の歴史学について、法則性や因果関係によって歴史像を構成することができるとする考えそのものを自己批判すべきであると、一部の人が声高になしている。また天皇制「美化」の論理や侵略を正当化する歴史観によってなされた歴史像が大手を振ってかっ歩しはじめている。

中世だけでなく、その時代の歴史像をどのように描くかによって、社会への影響も大きく変わってくる。そのため歴史学の果たす役割は限りなく大きい。本論中に述べたように近代天皇制国家の政治的意図・イデオロギー操作で、歴史像が大きくねじ曲げられたのが、南北朝動乱時代であり、建武政権であり、後醍醐天皇像であった。現代の天皇制「美化」論者も、南北朝動乱時代の歴史像を当然持っていると考えられる。それは戦前のような狂信的なものではないと思われるが、「日の丸・君が代」法制化にみられるような昨今の状況をみていると、いずれ現在の南北朝時代研究への彼らの批判が予想される。

また現在では、戦後流行した武士のみで歴史像を構成する「領主制論」だけで歴史像を描く時代でもなくなっているし、建武政権を復古反動政権とのみ規定する時代でもなくなっている。中国と日本社会の相違を無視したことにより、後醍醐天皇はたしかに木に竹をつぐようなことをした。鎌倉後半期から起こってきた激しい社会の矛盾を、中国宋朝型の文官主導の国家体制で乗り切ろうとした後醍醐であったが、客観的にみて、「文治政治」への転換の時期にはいたっていなかったといえる。だが、だからといって、後醍醐の行為を全面否定するわけにはいかないであろう。

本書は主としては後醍醐のおこなった行為等を、客観的立場で追うことに努めたつもりである。その行動の中で「悪王」と位置づけられる理由は何かを追究したものである。私が後醍醐天皇を評価するとすれば、「物狂の沙汰」「徳を欠く天皇」と呼ばれたことである。この「悪王」は、従来の慣例・秩序に果敢に挑戦し、平安・鎌倉時代の朝廷を中心とする支配秩序をぶち壊そうとした。戦前に後醍醐は「皇国日本」の「聖帝」として天まで持ち上げられたが、私はそのまったく逆の点から、すなわち、天皇制支配のルールを解体させようとしたところに後醍醐と建武政権の意義を見出したいのである。すなわち、従来の秩序に果敢に挑戦して解体しようとした後醍醐の思想や行動は、このころ出現したバサラ大名の高師直等と同じであり、悪党と呼ばれる人々とまったく同様であったといえる。このような点からいえば、後醍醐天皇は、バサラや悪党の「総元締」ともみなすことができ、「大悪党」であったともいえる。

もう一つ後醍醐と建武政権を評価するならば、東アジア世界の他の諸国と同じ歩みをしようとした点である。宋朝型の政治体制を夢見て、「神国日本」の天皇、「神の加護する日本」の天皇、「天照大神の末裔」の天皇にまったくふさわしくない行動をとったことである。近代の「皇国日本」の「聖なる天皇」との礼讃とはまったく反する行為をおこなった天皇であり、チベット仏教をまねして喜ぶような天皇であった点である。明治維新の「王政復古」と形式的に似ていたが、その実態は大きく異なっていた。近代の国粋主義からみたならば許すことができない天皇であったことである。これが私の建武政権にたいする評価である。

歴史学の果たす役割は大きいというより、恐ろしい。支配イデオロギーや侵略のためのイデオロギーの形成ともろに結びついているのである。戦前においては、北畠親房さえ厳しく批判した後醍醐の実像、建武政権の果たした役割・意義等をまったく反対に描き出し、「皇国日本」・「神国日本」の「聖帝」に祭り上げ、近代天皇制国家の支配思想の一つとなし、アジア諸国への侵略の梃子とした点からそのようにいえる。また、ヒトラーがドイツ民族の歴史をねじ曲げて、ゲルマン民族をもっとも「優秀な民族」であるとのイデオロギーをつくり上げ、それにもとづいてユダヤ人を「劣った人々」と宣伝して、大量虐殺にいたったことは周知の事実で、これらのことも歴史学が冒した事実の一つである。日本も同様であった。「大和民族」をもっとも「優秀な民族」と位置づけて、東アジア諸国を侵略したのである。

後醍醐天皇の即位と建武政権の成立・滅亡は歴史の推移の一コマであった。だがこの天皇と政権については、一部に主観的・感情的評価がないわけではない。このような状況になったのは、近代天皇制国家と近代の一部歴史家が、国家統合・国民支配、アジア侵略にこの天皇と政権を歪曲して、イデオロギーとして利用したところに責任がある。

参考文献

本文中に注記したものを含めて、主要なもののみを掲載した。他にも多く参考としたが、省略させていただいた。ご許容願いたい。

網野善彦　『蒙古襲来』　小学館　一九七四
同　『日本中世の非農業民と天皇』　岩波書店　一九八四
同　『異形の王権』　平凡社　一九八六
同　『悪党と海賊』　法政大学出版局　一九九五
網野善彦・笠松宏至　『後醍醐天皇と尊氏』（『週刊朝日百科日本の歴史』12）　朝日新聞社　一九八六
荒野泰典・石井正敏・村井章介編　『アジアのなかの日本史』Ⅰ～Ⅵ　東京大学出版会　一九九二～一九九三
飯倉晴武　「後醍醐天皇と綸旨」（『日本中世の政治と文化』）　吉川弘文館　一九八〇
市沢　哲　「公家徳政の成立と展開」（『ヒストリア』一〇九）　一九八五
同　「鎌倉後期公家社会の構造と『治天の君』」（『日本史研究』三一四）　一九八八
伊藤喜良　『南北朝の動乱』　集英社　一九九二
同　『日本中世の王権と権威』　思文閣出版　一九九三
同　『南北朝動乱と王権』　東京堂出版　一九九七
同　『中世国家と東国・奥羽』　校倉書房　一九九九

伊原弘・梅村坦　『宋と中央ユーラシア』　中央公論社　一九九七
入間田宣夫　「比較領主制論の視角」（『アジアのなかの日本史』Ⅰ）東京大学出版会　一九九二
入間田宣夫他編　『一揆』一～五　東京大学出版会　一九八一
岩井忠熊　『近代天皇制のイデオロギー』　新日本出版社　一九九八
岩橋小弥太　『花園天皇』　吉川弘文館　一九六二
遠藤　巌　「建武政権下の陸奥国府に関する一考察」（『日本古代・中世史の地方的展開』）吉川弘文館　一九七三
大森北義　『「太平記」の構想と方法』　明治書院　一九八八
小川信編　『室町政権』　有精堂　一九七五
海津一朗　『神風と悪党の世紀』　講談社　一九九五
　同　『中世の変革と徳政』　吉川弘文館　一九九四
笠松宏至　『日本中世法史論』　東京大学出版会　一九七九
　同　『徳政令』　岩波書店　一九八三
笠松宏至・佐藤進一・石井進・石母田正・勝俣鎮夫　『中世政治社会思想』上　岩波書店　一九七二
笠松宏至・佐藤進一・百瀬今朝雄　『中世政治社会思想』下　岩波書店　一九八一
黒板勝美　『国史の研究』各説下　岩波書店　一九三六
黒田俊雄　『黒田俊雄著作集』第一～七巻　法蔵館　一九九四～一九九五
小林清治・大石直正編　『中世奥羽の世界』　東京大学出版会　一九七八

小林多加士　『海のアジア史』　藤原書店　一九九七
佐伯　富　「宋朝集権官僚体制の成立」（『岩波講座世界歴史』九）　岩波書店　一九七〇
近藤成一　「本領安堵と当知行安堵」（『都と鄙の中世史』）　吉川弘文館　一九九二
佐藤和彦編　『論集足利尊氏』　東京堂出版　一九九一
佐藤進一　『南北朝の動乱』　中央公論社　一九六五
　同　　　『室町期守護制度の研究』上・下　東京大学出版会　一九六七・一九八八
　同　　　『日本の中世国家』　岩波書店　一九八三
　同　　　『日本中世史論集』　岩波書店　一九九〇
杉山正明・北川誠一　『大モンゴルの時代』　中央公論社　一九九七
田中健夫編　『海―環シナ海と環日本海―』（『週刊朝日百科　日本の歴史』15）　朝日新聞社　一九八六
永原慶二　『日本封建制成立過程の研究』　岩波書店　一九六一
永原慶二他　『神皇正統記』（『日本の名著』）　中央公論社　一九七一
永原慶二他編　『日本歴史大系』二　山川出版社　一九八五
羽下徳彦　『中世日本の政治と史料』　吉川弘文館　一九九五
兵藤裕己　『太平記〈よみ〉の可能性』　講談社　一九九五
古沢直人　「北条氏の専制と建武新政」（『前近代の天皇』第一巻）　青木書店　一九九二
松本新八郎　『中世社会の研究』　東京大学出版会　一九五六
村井章介　『アジアのなかの中世日本』　校倉書房　一九八八

同　　　『中世倭人伝』　岩波書店　一九九三
同　　　『東アジア往還』　朝日新聞社　一九九五
百瀬今朝雄　「元徳元年の『中宮懐妊』」（『金沢文庫研究』二七四）　一九八五
森　茂暁　『建武政権』　教育社　一九八〇
同　　　『南北朝公武関係史の研究』　文献出版　一九八四
同　　　『鎌倉時代の朝幕関係』　思文閣出版　一九九一
同　　　『太平記の群像』　角川書店　一九九一
吉井功兒　『建武政権期の国司と守護』　近代文芸社　一九九三
歴史科学協議会編　「特集　南北朝動乱の時代を読みなおす」（『歴史評論』五三八）　一九九八

補論　後醍醐天皇の評価をめぐって―「暗君」から「聖帝」への捏造―

後醍醐天皇の「王権掌握・復帰」について、東アジアの情勢と関連付けながら当時の日本社会を検討し、建武政権の成立を見てきた。そしてその政権は、まったく新しい「封建王政」なのかどうなのかという、建武政権の歴史的評価等について本書で述べてきた。この点に関わって補論として、後醍醐天皇は「聖帝」なのか「悪王」なのかという評価をめぐる議論について補足しておきたい。このことについては南北朝動乱期から現在まで真逆の評価がなされて変転が繰り返されてきている。本書中でも終章において「変転する建武政権の評価」という表題を掲げて論じているが、この点について、近代まで見通してもう少し詳しく考えてみたい。

一

建武政権が成立してくる前提として、日本は政治・社会・経済・文化等、あらゆる分野にわたって大きな転換期を迎えていたことを指摘しておきたい。詳細は本書でも述べたがその概要を示せば次のとおりである。

蒙古襲来以後の一三世紀末から一四世紀初頭にかけて、鎌倉幕府を中心とする国家の統治はまったく行き詰まってきていた。幕府支配の矛盾はいたる所で吹き出していた。東アジア世界の経済発展により、銭・金が大量に日本に流入して、日本はそれまでの交換経済から銭を仲立ちとする経済関係へと転換していった。流通経済が発展して各地に都市が出現して、日本の社会を大きく変え、社会は流動化していった。

当時の日本の支配体制は、荘園制という土地制度を中心とするものであったが、その根幹は「職」の体系であった。しかしこの社会の流動化の中で、「職」の制度は解体していき、所領は分割されて細分化され、土地を失う御家人や被官が数多く出現してきた。一方では裕福なものが見られるようになり格差が広がり、このような現状に不満を持つ人達が各地に現れてきた。その一つが悪党と呼ばれる一団である。悪党については本論で触れた。また、御家人や公家等の中からも強い不満が出てきていた。さらに、蝦夷の蜂起といわれるようなことも起こってきていた。

幕府は「職」の体系の崩壊、社会の流動化という現象、その結果としての悪党層の出現にたいして拱手傍観しているわけではなかった。得宗専制という形で対応しようとした。この専制の中で多くの都市を得宗領として、都市を中心に出現している悪党を押さえるとともに、経済的収益を北条氏一族が独占的に得ようとした。さらに細分化された膨大な所領について、「徳政」なる政策で売却されたり、没収された所領が元の持ち主に返却されたりしたのである。もちろん返却された中には御家人の所領も入っていた。まさに強権発動である。「徳政思想」が政策の基本に据えられて、徳政興行・徳政断行が盛んに行なわれたのである。しかし、このような政策はますます社会を混乱させていき、反幕府の動きが各地に広がっていった。さらには孟子の思想が流行し、王朝交替説や易姓革命説なども唱え始められており、「天皇制」の危機をも指摘されるような状況になってきていた。

混乱した政治情勢の中で登場してくるのが後醍醐天皇である。後醍醐の登場については、『太平記』等の現在知られている史料では好感を持って描かれているものが多い。それ以前の朝廷の政治より意欲的で、新鮮であったと見られたからである。後醍醐の登場については本文中で触れたので詳しくは述べないが、全体として幕府と対立するような積極的な経済政策、人材登用等を行なったことで、反幕府勢力が後醍醐の下に集まってきたのであり、この勢力が幕府を倒す柱の一つになったといわれている。『太平記』は後醍醐天皇を「聖主」「名君」としているのである。

二

南北朝動乱の終りごろに、前内大臣三条公忠という公家が書いた『後愚昧記』という日記が存在している。その日記の一三七三年（応安六）三月一六日の記載によると、この夜に大臣節会が行なわれたと述べ、そして勧修寺経顕が内大臣になったことについて「名家の輩が大臣になるとはけしからん」と強く批判している。さらに、このようなことが行なわれるのは後醍醐天皇が「天下統一」したとき、後醍醐の「乳父」であった故吉田定房に報いるために大臣にした先例があるからであり、この先例を追ってやったことであるとし、「後醍醐院の御行事、この一事に限らず、毎時物狂沙汰等なり、後代あにこれに准ずべけんや」と後醍醐を強く非難し、彼の行なったことはすべて「物狂沙汰」であると断じているのである。

後醍醐の「物狂沙汰」とは何かといえば、平安以来公家たちが中心となって続けてきた「朝廷政治」をひっくり返してしまったことであった。後醍醐の夢は壮大であり、天皇独裁の急進的な理想に燃えるものであった。彼はそれを「朕の新儀は未来の先例たるべし」と発したという。「古き良き時代」の平安の昔に返るのではなく、政治や権力等の大変革を行なうと宣言したようなものである。「新儀」とは当時もっとも嫌われた言葉であった。法や慣例に反することを「新儀非法」などと呼んでいた。本書でも叙述しているように、中央の支配機構、地方の制度、人事、政策等々、様々な「新儀」を行ない、天皇中心の王権を確立しようとしたのであった。すなわち、鎌倉後半期の諸矛盾を解決するために従来の「朝廷政治」と異なる君主専制・中央集権国家を樹立させようとしたのである。このような後醍醐の「理想」や、それにもとづく行いは、復古的な政治を期待していた公家層等から批判が出ないわけがなかった。その典型が三条公忠が発した「物狂沙汰」、すなわち「物狂」という言である。

後醍醐が京都に凱旋してきたときの人々の期待は大きかったものと思われる。だが、それはすぐに萎んでいき、次第に新政権への批判が強くなっていった。「此比都ニハヤル物」から始まる「二条河原落書」はあまりにも有名である。また新政権を担った公家の中からも後醍醐批判が発せられている。後醍醐の命により奥羽支配のために陸奥守として多賀城に下向した北畠顕家は、建武政権が崩壊した後に畿内を転戦したが、敗死する直前に七カ条の痛烈な批判文（諫奏状）を後醍醐にあげている。そこで彼は奥羽での経験をもとにして多くの点を批判しているが、特に中央集権政治ではなく、地方に目を配って、そこでの政治を充実させることが重要であると批判しているのである。また父親の親房も『神皇正統記』で、後醍醐の人事の「新儀」について強く批判している。

『太平記』は鎌倉末期の後醍醐の登場や新政権が成立する過程については好意的に描いているが、建武政権にたいしてはきわめて批判的となっている。建武政権が樹立するまでは、「聖主」後醍醐天皇が「悪臣」北条高時を滅亡させるという「善」と「悪」の対決、「悪」が滅び「善」が勝という叙述の構図であったが、建武政権の評価にいたっては手の平を反すように厳しく批判するのである。そして後醍醐は「聖主・名君」から「愚王・暗君」となり、建武政権については「正道正しからず」と断言され、悪政のために滅んだというのである。

南北朝動乱時代に生きた人々、南朝側と直接に刃を交えた武士層は当然として、公家に属する人々も、後醍醐天皇にたいする評価はすこぶる悪かったといえる。後醍醐は「不徳の天皇」であり、「不徳の天皇」は批判されて当然であるという意識が公家内部にも充満していたといえる。前述した三条公忠の「物狂沙汰」は当時の支配層にとっては共通の認識であったといえよう。このような共通認識は、武家政権になったりして政権が変わろうとも、長い間続き、明治維新にいたったのである。なお江戸時代の後醍醐天皇についての評価は本文中で叙述した。

三

一八七四年（明治七）一二月、明治維新の元勲である岩倉具視が、皇居に参り意見書を提出した。それは「天皇の修養についての上申書案」（『日本近代思想大系2　天皇と華族』岩波書店　一九八八年）というものであった。この「上申書」は明治天皇を補導するための意見書であるといわれている。その上申書に述べられている主要な点は、天皇が国家を統治するもっとも基本的なことは、賞罰を厳格に行ない、人々を困窮から救うことであるとし、このような根本理念に反したならば、謀反を起こす臣が現れるというのである。天皇のあるべき姿に反したのが後醍醐天皇と後鳥羽天皇であるという。後醍醐天皇については次のように記述されている（文語体文章を口語体文に修正した）。

「後醍醐天皇は（北条）高時が滅亡した後はたちまち驕りたかぶるようになり、すべての政治が正しくなかった。初めの御精励のとき（鎌倉末期の親政時代）とはほとんど別人のような有様で、そのために土民（人々）の憤怒を招くこととなり、ついに南狩（南に逃れること、すなわち吉野へ逃れたこと）の辱めをうけたまうことになった。臣下には（楠木）正成・（新田）義貞等のごとき忠臣・知勇の士も多く存在していたが、ひとたび人心が失われてしまいましたので、忠臣・智士の勤労も泡沫になってしまい、ついに御身は（吉野）山中に崩じてしまいました。多くの忠臣は空しく各地で戦没されてしまい、天下がついに高氏（尊氏）の反逆焔のほうになびいてしまったことは、誠に嘆息のいたりであり、これに勝ることはないといえます」。

上記の文章から、岩倉は後醍醐を厳しく批判していることが知られよう。この後に続いて岩倉はさらに言う。後鳥羽や後醍醐に反逆した北条泰時や足利尊氏について「彼らが謀反を起こしたといっても万民にたいしては暴虐ではなかった。しかし、一方の天皇は万民に徳政を行なわなかったことにより謀反が起こったのであるとして、これは天の理である」として、尊氏等の反乱を正当化しているのである。元勲岩倉具視は口をきわめて後醍醐天皇等を非難しているのである。もう一人の元勲伊藤博文も同様な考えを持っていたことが知られている。明治初期には後醍醐天皇は「不徳の天皇」「愚王」であるという評価が定着しており、このような「不徳の天皇」にたいして謀反が起こることは当然であるというような見解が大手を振ってかっ歩していたといえる。

ところが六〇年後には後醍醐の評価はどのようになっていたのであろうか。皇国史観の旗を強く振った東京帝国大学教授の著書を覗いてみよう。

「後醍醐天皇建武中興の大業は（中略）足利高氏の反にあひ、遂に土崩瓦解するに至った。惜しみても惜しみても猶餘りありといはなければならぬ。しかるに浅慮刻薄なるかな、世間の君子、彼等は中興の大業の瓦解を惜しむの餘り、其の失敗の原因を中興の御政に求め、究極して後醍醐天皇の責に帰し奉ろうとする。（中略）大業瓦解の責任を一にこの天皇に帰し奉ろうとする。予はこゝに再び筆硯を洗って、この俗説を撃破しようと思ふ」と書いてあるのは、平泉澄が著した『建武中興の本義』（至文堂　一九三四年）である。さらに平泉は建武政権の崩壊について「それは天下の人心多く義を忘れて利を求るが故に、朝廷正義の御政にあきたらず、功利の奸雄足利高氏誘ふに利を以するに及び、翕然としてその旗下に馳せ参じ、其等の逆徒滔々として天下に充満するに及び、中興の大業遂に失敗に終わったのである」と断じており、そこでは「正しい義のある政治」を後醍醐は行なったのであるが、当時の者たちが功利を求めて高氏のもとに走ったので建武政権が滅んだのであると述べて、この政権が瓦解したのは後醍醐の不徳によるのではなく、当時の人々の功利を求める不義・不徳にあると述べて、明治初期の岩倉具視の「上申書」とまったく逆のことをいっているのである。建武政権の崩壊を後醍醐の責任ではなく、当時の人々が「功利」に走り「義を忘れた」と論難して、彼等に責任を転嫁するというような逆立ちした議論を展開しているのである。後醍醐について、岩倉の「上申書」からわずか五、六十年でなぜこのような真逆の評価になったのか追究する必要があるであろう。

四

後醍醐天皇の評価が従来のものから一八〇度も転換した理由はどこにあったのであろうか。それは日本の近代国家（明治憲法体制）の成立過程と深く関わっていたところに要因があった。明治維新の過程において、明治天皇による親政が成立したと一部から主張されたことによる。すなわち江戸幕府による統治から、天皇を主体とする王政復古がはかられたとするものであった。さらに明治国家によって内閣制度が成立し、明治憲法が発布されることにより、「天皇は神聖にして犯すべからず」とするような「絶対的権威」が確立していき、国家主権の根本は天皇、天皇制に求められるようになっていった。

ところが「天皇の絶対的権威」を確立しようとする上で、思想上きわめて不都合なことが存在していた。それはかつて「王政復古を果たし、天皇親政」を行なった天皇が存在し、その天皇の評判がきわめて悪く、「悪王」・「不徳の天皇」のレッテルをはられていたことである。このような天皇の存在はきわめて都合が悪かった。その天皇が後醍醐天皇であったことはいうまでもない。後醍醐の評判の悪さは長い間支配層内部の共通する認識であった。

このような認識は支配層内部だけではなかった。自由民権運動の中で、『東京横浜毎日新聞』は「帝位は神聖なり、皇帝は神種なりというものがいるが、これは野蛮人がいうことであり、社会に害を与えるものである。それゆえ断固この妄説を排除しなければならない」と社説で論じているのである（明治一四年四月七日社説）。明治時代前半には、人々は「天皇の権威や神聖性」などについて、それほど強い思いは持っていなかった。ましてや後醍醐天皇などについては推して知るべしである。天皇の「神聖性」についての意識は正反対であるような事実が存在していた。

明治憲法発布以後、天皇制国家を確立するために、上述したような後醍醐天皇の行った不都合な事柄の評価を大きく転換しなければならない事態となったのである。「暗君」後醍醐の評価を変えるために明治政府が行なったことは、教育から手を付け始め、まず教科書の後醍醐像を書き換えることであった。明治前半の教科書内の後醍醐像については、当時の後醍醐の評価を反映して、「賞罰の片寄りや遊宴に浸ったことなど」後醍醐の失政を厳しく批判するものであった。ところが一九八〇年（明治二三）「教育勅語」が発布された以後になるとがらりと教育状況が変わっていく。「尊王愛国」の要素が教科書に強く滲むようになっていくのである。

「教育勅語」の発布以後になると教科書の叙述も次第に変化していったが、それでも最初は後醍醐には触れずに楠木正成等の「忠臣」を主題としたものであった。だが次第に後醍醐も登場するようになり、一九〇三年（明治三六）国定歴史教科書が登場してくると楠木正成のような天皇に忠節をつくしたという記述内容から、天皇中心の記述となる。例えば『小学歴史』によれば、「建武の中興」という項目において「武家の政治は朝廷に返り、朝廷の威光は再び盛んとなれり」とか、「後醍醐天皇は英明な御方にましまして」という記述となっていくのである。

さらに明治四〇年代に入ると「南北朝正閏問題」が起こり、一部の国粋主義者が国定教科書に「二天皇あり」とか「南朝と北朝」というように書かれていると難癖をつけ、天皇中心の「国体思想」にもとづいて強く反発した。さらに「皇室の尊厳を傷つける」というような理由で、ある帝国議会議員による教科書執筆者への攻撃がなされた。そしてそれが政治問題化したことより、ときの政府は南朝を正統な皇統とし、「南北朝」という項目を廃止して「吉野の朝廷」としたのであった。

繰り返すが、「教育勅語」発布以前の歴史教科書は天皇を決して「神聖視」していなかった。むしろ天皇の行為について、それを堂々と批判していたのであった。しかし、それがわずか二〇年ほどの間に、明治国家の存立の根本基盤形成のために、歴史教科書が大きく変えられ、天皇の人物像や歴史評価等が教育の現場で真逆になってしまったのである。

五

「南北朝正閏問題」は教育の問題だけではなかった。歴史学界にも大きな衝撃を与えた。明治時代の歴史研究者は「歴史研究の王道」、すなわち徹底した実証を根本原則とし、史料の蒐集を行なうという実証主義史学のうえに立った研究者が主であった。そして一八九五年（明治二八）年に東京帝国大学に史料編纂掛が置かれ、『大日本史料』が刊行されるようになった。現在私たちが非常に恩恵を受けている史料集である。その編纂の中心となっていたのは実証主義者の三上参次や田中義成等であった。

明治時代の歴史学界においては「南北朝正閏」の議論は存在していたが、南北朝期を扱った『大日本史料六編一』では南朝と北朝を並列的に扱っており、何の問題もなかった。後醍醐天皇の評価については、大多数の歴史学者は楠木正成は評価しても、後醍醐の行為を高く称賛するものはほとんどいなかった。すでに実証的研究者久米邦武によって後醍醐の「物狂沙汰」も紹介されている。だが南北朝時代の研究は転換し、実証的研究者は苦難の道に入っていく。

大正時代になっていくと、大義名分（天皇を中心とする君臣の秩序）を標榜する者たちが後醍醐に反旗をひるがえした尊氏を、「逆賊高氏」として声高に叫ぶようになってきたが、歴史学界内部ではまだ多少「自由」に歴史を論ずることも可能であった。足利尊氏をそれなりに評価したり、建武政権を批判的に論じたりする研究者も存在していた。辻善之助や中村直勝等の良心的な研究者である。

だが、一九二六年（大正一五）平泉澄が東京帝国大学で中世史を講義するようになった以降、皇国史観の大合唱となっていった。後醍醐天皇の政治（建武の中興）が失敗したのは、「真の国体」を理解しない国民（臣民）に責任があるのだという議論が大手を振ってかっ歩し、「後醍醐天皇の御理想」などと呪文のごとく唱える平泉等の大義名分史家は歴史を「捏造」していった。彼等が後醍醐を論ずるとき、都合の悪い史料を徹底的に無視した。例えば、皇国史観を信奉する者のバイブルのような書物であった、北畠親房が著した『神皇正統記』という書物が存在しているが、この書物の活用にそれらのことが見られ、きわめて恣意的に引用したり、解釈したりしているのである。親房が『神皇正統記』の中で後醍醐を強く批判している箇所が存在している。すなわち後醍醐は「君臣関係、国家秩序の在り方、賞罰」を正しく行なわなかったと、まさに「君臣の秩序」等を壊したのが後醍醐であると厳しく批判しているのである。親房は建武政権が崩壊した原因を彼なりに考えて後醍醐を批判したにもかかわらず、皇国史観論者は決してここを見ようとしなかったのであり、当時の「真面目な学生」がこの箇所を引用したり指摘したりしたならば、「単位不認定」ではすまない事態となったのである。『太平記』のような書物についても同様であった。

平田俊春という名分論者が著した『吉野時代の研究』（山一書房、一九四三）という書物があるが、その中で現在でも評価されている実証主義の歴史家である田中義成を口をきわめて批判している。平田は「田中博士の議論は大義名分に於いてのみならず、学問上に於きましても根本的な誤謬を冒されていると思ふのであります。（中略）田中博士が斯かる重大な誤に陥られた根本原因は歴史の研究に於いて単なる事実をのみ重く見られて、ために大義名分を軽んずるに至ったことによるのでありますす」と、歴史の研究は事実を明らかなすることよりも大義名分を基本に据えるべきであるというのである。ここに皇国史観は極まったのである。その大義名分にも反するような行為（「物狂沙汰」）をした後醍醐を崇め奉るのは、歴史事実ではなく、観念の世界の中での狂信的な天皇崇拝イデオロギーという以外ない。

支配者内部において五百数十年にわたって続いた後醍醐天皇の悪評を、短期間でまったく逆の形にして、後醍醐をもっとも「偉大な天皇」であるいうような「絶対的な権威」に祭り上げたのである。後醍醐をそのような虚飾の「聖帝」になしていく道程は、日本が近代天皇制国家を樹立し、アジア世界へ侵略していく行く過程でもあった。

後醍醐天皇の評価の転換の根本は、天皇を中心に据えた天皇制国家を維持するための支配イデオロギーの形成であった。建武政権を「後醍醐天皇による建武中興の大業」と見なす皇国史観は、天皇による国家統合、アジア侵略の思想的な支柱となり、天皇制を称賛し、日本民族をアジアの中のもっとも優秀な民族と位置付けて、日本国を「神国」と荒唐無稽に美化したのであった。このような歴史学界の動向の結末は周知のごとく、アジア太平洋戦争となり、戦死者・空襲死者・原爆投下死者等、数百万人の日本人の悲惨な死を招いたのであり、またアジアの人々数千万人に被害を及ぼしたのである。

日本の敗戦とともに後醍醐の評価は、またまた転換していった。大義名分論に基づくような歴史の評価はなくなり、後醍醐天皇や建武政権の研究はほとんどなされなくなった。後醍醐や建武政権が本格的に論じられるようになったのは、一九六五年に刊行された、佐藤進一著『日本の歴史9　南北朝の動乱』（中央公論社）からである。その書の「はじめに」で佐藤は次のように述べている。

「南北朝政治史の研究はほとんど学界から忘れ去られた。われわれは今、南北朝政治史を詳細にあとづけようとすれば、少なくとも田中の『南北朝時代史』にまで立ちもどらなければならない。むしろ田中以前の、つまり明治・大正期の、素朴であるが自由な史論に多くのものを学ばなければならない。（中略）平泉氏から中世史の講義をきき、中世史料解読の手ほどきを受けたわたくしが、平泉氏をあげつらい、田中以前にもどれと主張するのも歴史の皮肉かもしれない」。

田中とはすでに述べたように田中義成で、彼は東京帝国大学で『大日本史料』六編の編纂を行いながら、文学部で「南北朝時代史」を講じていた。佐藤はその田中の研究以前に返れと強く主張して、名著である『南北朝の動乱』を著したのである。本書も佐藤の著書から多く学んでいる。

このように評価が大きく変転した歴史上の人物や政権は、後醍醐天皇や建武政権をおいてないが、佐藤の著書が出版された以後、建武政権や南北朝動乱の研究は次第に活況を呈していき、建武政権について一時存在した「復古反動的政権」というような位置付けも消えていき、後醍醐天皇についてむしろ斬新な「封建王政」を目指した天皇とか、「異形」の天皇であるというような評価があることは本論で述べたとおりである。

中国武漢で戦病死した父親を持つ者として、後醍醐天皇や建武政権が、今後、国家やときの権力者・政権等によって国民支配のために「利用」・「道具」にされないことを願うばかりである。

本書の原本は、一九九九年に新日本出版社より刊行されました。

著者略歴
一九四四年　長野県に生まれる
一九七四年　東北大学大学院文学研究科博士課程修了
現　在　福島大学名誉教授　文学博士

〔主要著書〕
『南北朝の動乱』（集英社、一九九一年）、『東国の南北朝動乱』（吉川弘文館、二〇〇一年）、『足利義持』（人物叢書、吉川弘文館、二〇〇八年）、『伊達一族の中世』（吉川弘文館、二〇二一年）

読みなおす日本史

後醍醐天皇と建武政権

二〇二一年（令和三）五月一日　第一刷発行

著　者　伊《い》藤《とう》喜《き》良《よし》
発行者　吉川道郎
発行所　株式会社 吉川弘文館
郵便番号一一三—〇〇三三
東京都文京区本郷七丁目二番八号
電話〇三—三八一三—九一五一〈代表〉
振替口座〇〇一〇〇—五—二四四
http://www.yoshikawa-k.co.jp/
組版＝株式会社キャップス
印刷＝藤原印刷株式会社
製本＝ナショナル製本協同組合
装幀＝渡邉雄哉

© Kiyoshi Itō 2021. Printed in Japan
ISBN978-4-642-07162-8

JCOPY 〈出版者著作権管理機構 委託出版物〉
本書の無断複写は著作権法上での例外を除き禁じられています．複写される場合は，そのつど事前に，出版者著作権管理機構（電話 03-5244-5088，FAX 03-5244-5089，e-mail: info@jcopy.or.jp）の許諾を得てください．

読みなおす日本史

刊行のことば

現代社会では、膨大な数の新刊図書が日々書店に並んでいます。昨今の電子書籍を含めますと、一人の読者が書名すら目にすることができないほどとなっています。ましてや、数年以前に刊行された本は書店の店頭に並ぶことも少なく、良書でありながらめぐり会うことのできない例は、日常的なことになっています。

人文書、とりわけ小社が専門とする歴史書におきましても、広く学界共通の財産として参照されるべきものとなっているにもかかわらず、その多くが現在では市場に出回らず入手、講読に時間と手間がかかるようになってしまっています。歴史の面白さを伝える図書を、読者の手元に届けることができないことは、歴史書出版の一翼を担う小社としても遺憾とするところです。

そこで、良書の発掘を通して、読者と図書をめぐる豊かな関係に寄与すべく、シリーズ「読みなおす日本史」を刊行いたします。本シリーズは、既刊の日本史関係書のなかから、研究の進展に今も寄与し続けているとともに、現在も広く読者に訴える力を有している良書を精選し順次定期的に刊行するものです。これらの知の文化遺産が、ゆるぎない視点からことの本質を説き続ける、確かな水先案内として迎えられることを切に願ってやみません。

二〇一二年四月

吉川弘文館

読みなおす日本史

時計の社会史　角山　榮著　二二〇〇円
漢　方　中国医学の精華　石原　明著　二二〇〇円
墓と葬送の社会史　森　謙二著　二四〇〇円
悪　党　小泉宜右著　二二〇〇円
戦国武将と茶の湯　米原正義著　二二〇〇円
大佛勧進ものがたり　平岡定海著　二二〇〇円
大地震　古記録に学ぶ　宇佐美龍夫著　二二〇〇円
姓氏・家紋・花押　荻野三七彦著　二四〇〇円
安芸毛利一族　河合正治著　二四〇〇円
三くだり半と縁切寺　江戸の離婚を読みなおす　高木　侃著　二四〇〇円
太平記の世界　列島の内乱史　佐藤和彦著　二二〇〇円

白　隠　禅とその芸術　古田紹欽著　二二〇〇円
蒲生氏郷　今村義孝著　二二〇〇円
近世大坂の町と人　脇田　修著　二五〇〇円
キリシタン大名　岡田章雄著　二二〇〇円
ハンコの文化史　古代ギリシャから現代日本まで　新関欽哉著　二二〇〇円
内乱のなかの貴族　南北朝と「園太暦」の世界　林屋辰三郎著　二二〇〇円
出雲尼子一族　米原正義著　二二〇〇円
富士山宝永大爆発　永原慶二著　二二〇〇円
比叡山と高野山　景山春樹著　二二〇〇円
日　蓮　殉教の如来使　田村芳朗著　二二〇〇円
伊達騒動と原田甲斐　小林清治著　二二〇〇円

吉川弘文館
（価格は税別）

読みなおす日本史

地理から見た信長・秀吉・家康の戦略　足利健亮著　二二〇〇円
神々の系譜　日本神話の謎　松前　健著　二四〇〇円
古代日本と北の海みち　新野直吉著　二二〇〇円
白鳥になった皇子　古事記　直木孝次郎著　二二〇〇円
島国の原像　水野正好著　二四〇〇円
入道殿下の物語　大鏡　益田　宗著　二二〇〇円
中世京都と祇園祭　疫病と都市の生活　脇田晴子著　二二〇〇円
吉野の霧　太平記　桜井好朗著　二二〇〇円
日本海海戦の真実　野村　實著　二二〇〇円
古代の恋愛生活　万葉集の恋歌を読む　古橋信孝著　二四〇〇円
木曽義仲　下出積與著　二二〇〇円

足利義政と東山文化　河合正治著　二二〇〇円
僧兵盛衰記　渡辺守順著　二二〇〇円
朝倉氏と戦国村一乗谷　松原信之著　二二〇〇円
本居宣長　近世国学の成立　芳賀　登著　二二〇〇円
江戸の蔵書家たち　岡村敬二著　二四〇〇円
古地図からみた古代日本　土地制度と景観　金田章裕著　二二〇〇円
「うつわ」を食らう　日本人と食事の文化　神崎宣武著　二二〇〇円
角倉素庵　林屋辰三郎著　二二〇〇円
江戸の親子　父親が子どもを育てた時代　太田素子著　二二〇〇円
埋もれた江戸　東大の地下の大名屋敷　藤本　強著　二五〇〇円
真田松代藩の財政改革　『日暮硯』と恩田杢　笠谷和比古著　二二〇〇円

吉川弘文館
（価格は税別）

読みなおす
日本史

日本の奇僧・快僧　今井雅晴著　二二〇〇円

平家物語の女たち　大力・尼・白拍子　細川涼一著　二二〇〇円

戦争と放送　竹山昭子著　二四〇〇円

「通商国家」日本の情報戦略　領事報告を読む　角山　榮著　二二〇〇円

日本の参謀本部　大江志乃夫著　二二〇〇円

宝塚戦略　小林一三の生活文化論　津金澤聰廣著　二二〇〇円

観音・地蔵・不動　速水　侑著　二二〇〇円

飢餓と戦争の戦国を行く　藤木久志著　二二〇〇円

陸奥伊達一族　高橋富雄著　二二〇〇円

日本人の名前の歴史　奥富敬之著　二四〇〇円

お家相続　大名家の苦闘　大森映子著　二二〇〇円

はんこと日本人　門田誠一著　二二〇〇円

城と城下　近江戦国誌　小島道裕著　二四〇〇円

江戸城御庭番　徳川将軍の耳と目　深井雅海著　二二〇〇円

戦国時代の終焉　「北条の夢」と秀吉の天下統一　齋藤慎一著　二二〇〇円

中世の東海道をゆく　京から鎌倉へ、旅路の風景　榎原雅治著　二二〇〇円

日本人のひるめし　酒井伸雄著　二二〇〇円

隼人の古代史　中村明蔵著　二二〇〇円

飢えと食の日本史　菊池勇夫著　二二〇〇円

蝦夷の古代史　工藤雅樹著　二二〇〇円

天皇の政治史　睦仁・嘉仁・裕仁の時代　安田　浩著　二五〇〇円

日本における書籍蒐蔵の歴史　川瀬一馬著　二四〇〇円

吉川弘文館
（価格は税別）

読みなおす
日本史

- 鎌倉幕府の転換点 『吾妻鏡』を読みなおす 永井 晋著 二二〇〇円
- 奈良の寺々 古建築の見かた 太田博太郎著 二二〇〇円
- 日本の神話を考える 上田正昭著 二二〇〇円
- 信長と家康の軍事同盟 利害と戦略の二十一年 谷口克広著 二二〇〇円
- 軍需物資から見た戦国合戦 盛本昌広著 二二〇〇円
- 武蔵の武士団 その成立と故地を探る 安田元久著 二二〇〇円
- 天皇家と源氏 臣籍降下の皇族たち 奥富敬之著 二二〇〇円
- 卑弥呼の時代 吉田 晶著 二二〇〇円
- 皇紀・万博・オリンピック 皇室ブランドと経済発展 古川隆久著 二二〇〇円
- 日本の宗教 日本史・倫理社会の理解に 村上重良著 二二〇〇円
- 戦国仏教 中世社会と日蓮宗 湯浅治久著 二二〇〇円

- 伊達政宗の素顔 筆まめ戦国大名の生涯 佐藤憲一著 二二〇〇円
- 武士の原像 都大路の暗殺者たち 関 幸彦著 二二〇〇円
- 海からみた日本の古代 門田誠一著 二二〇〇円
- 鳴動する中世 怪音と地鳴りの日本史 笹本正治著 二二〇〇円
- 本能寺の変の首謀者はだれか 信長と光秀、そして斎藤利三 桐野作人著 二二〇〇円
- 餅と日本人 「餅正月」と「餅なし正月」の民俗文化論 安室 知著 二四〇〇円
- 古代日本語発掘 築島 裕著 二二〇〇円
- 夢語り・夢解きの中世 酒井紀美著 二二〇〇円
- 食の文化史 大塚 滋著 二二〇〇円
- 後醍醐天皇と建武政権 伊藤喜良著 二二〇〇円

吉川弘文館
（価格は税別）